青岛电影学院资助出版

播音主持艺术发展与改革探究

BOYIN ZHUCHI YISHU
FAZHAN YU GAIGE TANJIU

焦尊◎著

中国国际广播出版社

前 言

中国广播电视事业起源于20世纪50年代，其间经历了多个阶段的发展。在改革开放以后，尤其是20世纪90年代以来，迎来了更加快速的腾飞。这一蓬勃发展与现代信息技术的进步密不可分。中国逐步迈入了信息化时代，这一时代的来临深刻地影响了社会的各行各业，尤其是广播电视行业的发展。

在广播电视行业中，播音主持作为一个重要环节，扮演着连接信息与受众的桥梁角色。播音主持的发展状况直接或间接地影响着整个广播电视行业的发展进程。优秀的播音员和主持人不仅需要具备良好的嗓音条件和表达能力，还需要具备深厚的综合素养，以适应信息时代的多元化需求。

在经济全球化的背景下，中国经济蓬勃发展，人们的生活水平提升，对信息的需求和获取途径也发生了根本性的变化。广播电视行业作为信息传递的重要渠道之一，不仅需要增加信息量，还需在内容上不断创新，以满足观众日益多样化的精神需求。这种观众认同感的建立，不仅关乎播音主持的个人魅力，也与广播电视行业的整体发展紧密相连。

本书立足于新时代对播音主持艺术提出的新要求，对当代播音主持艺术的发展与改革进行研究，以期为我国播音主持艺术事业的发展提供指导，从而推动我国广播电视行业的繁荣发展。

本书共分为七章，第一章是播音主持艺术概述，介绍了播音与主持的基本概念和播音主持艺术的社会功能；第二章是播音主持艺术的发展历程，介绍了我国播音主持艺术的历史进程；第三章是播音主持艺术形态的发展，介绍了播音主持艺术在广播技术条件下、电视技术条件下和互联网技术条件下形态的发展；第四章是当代播音主持艺术的发展困境，介绍了播音主持艺术受到的冲击、创作中的突出问题、从业人员的职业困境和专业人才培养的现状与困境；第五章涵盖了新时代播音主持艺术的革新内容，详细阐述了在播音主持艺术领域所进行的教学方法和人才培养模式的革新；第六章是当代播音主持艺术的发展与创新，介绍了当代播音主持艺术的新定位、创作样态和发展途径；第七章是融媒体时代下的播音主持艺术发展，介绍了融媒体时代新闻播音、网络播音主持艺术以及节目主持人的转型升级。

笔者在本书中通过研究播音主持艺术的发展历程、所处现状及播音主持的现实困境，为促进播音与主持专业教育改革的思路创新提出了一些路径，以期能够为我国广播电视行业可持续发展贡献自身微薄的力量。

目　录

第一章

播音主持艺术概述

播音与主持是广播电视节目的传播工作，既具有大众传播的性质，也具有社会交流的功能。播音与主持中的有声语言是广播电视重要的信息形式，同时还承载着大量的非语言信息。广播电视节目中的许多内容都需要语言艺术再创造与信息传播再整合。从概念上理解，播音与主持既相互区别，又彼此交融。

第一节　播音与主持的概念

一、播音的概念

播音，作为学科的基本概念，首先需要揭示它的基本内涵，然后要对它的外延做出明确的界定，如此，才能够得到严格的定义。《现代汉语词典（第7版）》对“播音”的释义是：“广播电台等播送节目。”还有一种更加宽泛的解释是“电台、电视台等传播媒介所进行的一切有声语言和副语言传播信息活动，包括各种人声、音响、语言、文字、图像、音乐等的传播，如‘中央人民广播电台，现在开始播音’‘今天全天的播音到这里结束’等”。这样的概念显然不是在说明某类专业的特点。事实上，我们通常是在“播出声音”这个动作意义中理解播音的真实含义。广播电视中播出的声音包含三类要素：有声语言、音乐、音响。因此，我们只是借用了它的狭义定义作为特定概念，也就是“播音员和节目主持人运用有声语言和副语言，通过广播、电视传媒所进行的传播信息的创造性的活动”。这个概念大致说明了播音员和主持人所从事的专业工作的性质，并排除了广播电视中的另外两个声音要素——音乐和音响。也就是说，音响和音乐不属于“播音学”的研究范畴。[①]

（一）“播音”的内涵——广播电视有声语言的传播

播音是运用有声语言进行艺术创作的活动，它不仅依据稿件进行有声语言再创造，还包括“无稿播音”的各种话语艺术。从口头语体分类，播音可以分出朗读语体、演讲语体、谈话语体等。有声语言存在三个基本要素——语音、词汇和语法。对这些要素进行不同程度的艺术加工，使之语音清晰规范、用词形象生动、表达明白晓畅等，就称为有声语言艺术。

1. 语音清晰规范

播音是一种媒体语言，而媒体又是面向大众的。大众传媒本身要求信息有较高的清晰度、可懂度和可感度，由于它对社会影响广泛，因此必须承担相应的社会责任。推广规范的全民族共同语——普通话，就是其中的一项重要社会责任。实现广播语言文字的规范化、标准化，是普及文化教育、发展科学技术等各种工作、各种行业的一项基础性工作，对社会主义物质文明建设和精神文明建设具有十分重要的意义。广播电视工作者应该

---

① 赵鑫梦. 浅谈播音主持新概念与播音主持教育［J］. 南方企业家，2018（2）：252.

模范地贯彻推广普通话的方针政策，成为语言文字规范化的宣传者和实践者。在人们的心目中，播音员、主持人的语言就是标准语言，许多模棱两可的读音，在实践中往往以他们为榜样。所以，国家对播音员、主持人的普通话水平要求较高，一方面是为了向社会示范，另一方面也是为了达到最容易理解、最广泛使用、最生动表达的传播效果。想要满足这些要求，就需要播音员、主持人不断锤炼自己的有声语言，使自己的播音语言准确、清晰、圆润并富于变化。

准确是指吐字发音要合乎规范，发音部位和发音方法要准确无误。在语流中，尽管存在音变、语调等的影响，但都必须遵循普通话的规范，在语音准确的基础上，提高语言的表现能力。例如：对声母中发音部位相同的n和l，要把握住它们之间不同的发音方法；而对发音方法相同的z、c、s和zh、ch、sh，则要把握住它们之间不同的发音部位等。播音吐字的准确度要求很高，它的规范性要求也更为严格。

清晰与含混是相对应的，它不是指声音的大小，而是指字音的纯净度。例如，有些播音中有“音包字”的现象，就是指一味追求声音的响度，却忽视吐字清晰的情况。“音包字”往往会影响语义的表达，给人只留下声音大的印象。反之，孱弱的声音也不利于语义的清晰表达。可以说，播音对吐字归音清晰度的要求要高于对嗓音响亮度的要求。

圆润是播音吐字的第三项基本要求。如果说吐字归音的准确、清晰指的是“字正”，那么圆润就是指悦耳动听的“腔圆”了。人们常常把吐字的圆润比喻为“珠落玉盘”，但是，这里的“珠落玉盘”和其在曲艺说唱中的含义并不一样。曲艺说唱是用抑扬顿挫的曲调表现艺术效果，而播音则需要通过嗓音反映汉语音节本身的音乐性，从而达到圆润的效果。

富于变化是吐字归音在表情达意方面的最终要求。规范的对立面是变异，语言的变异会使其偏离规范，而过于严苛的规范又会导致语言的僵化。

语言就是在这种对立统一的过程中不断丰富和发展的。语言源于社会生活，反映了生活现象，播音要表现丰富多彩的社会生活，就不能拘泥于固定的模式，这就决定了我们的语言是活泼、生动且富于表现力的。著名作家萧伯纳曾说："有五十种说'是'的方法，就会有五十种说'不是'的方法。"因此，在播音实践中既要强调语言的规范化，同时也要提倡语言的生活化、大众化。

2. 用词形象生动

有稿件的播音可以不考虑选词用句的问题，但是没有稿件的播音就要求播音员能够出口成章。如果没有良好的语言修养，是难以"成章"的，即便"成章"，也可能会佶屈聱牙、晦涩难懂，不能称为"华章"。特别是主持人大多要在交流状态下使用有声语言，更应该注意这方面的修养，选词用句要准确、适度、得体、规范，既要尊重历史词语发展的一般规律，也要考虑约定俗成的社会习惯，恰当吸收并引用一些新的词汇。具体来说，选词用句必须遵循以下三项原则。

（1）普遍性原则

广泛使用、普遍知晓是现代汉语采用新词汇，并加以规范的重要条件。因为普通话词汇以北方话为基础，因此，选词用句首先就要考虑这些词汇在北方方言中是否普遍使用。马铃薯有多种词汇概念，如土豆儿、洋芋、洋山芋、洋芋头、山药、山药蛋等。在北方，更多的地方称它为"土豆儿"，我们就可以认定"土豆儿"是规范词汇。而北京土话里一些俚俗方言，如"傻帽儿""硌瑟""耗子""旮旯儿"等就不宜采用。

有的古汉语词汇过去带有文言色彩，但沿用至今，已经家喻户晓，也可以通行，如"诞辰""百姓""拂晓""琢磨""推敲"等。

同一概念有多种语词形式，没有重复的必要，就可以选择一种加以规范。选择的标准就是看哪一种使用的频率最高、最普遍。例如："洋灰”“水门汀”“水泥”中，取“水泥”；“巧克力”“朱古力”“巧格力”中取“巧克力”；等等。另外，缩略语也要服从约定俗成的使用习惯，如“中国人民政治协商会议”可以简称“政协”，但是把“杂技艺术家协会”称为“杂协”显然不合适，得不到大家的认同。再如，大家已经习惯把“彩色电视机”叫“彩电”，“筹集资金”叫“集资”，“挖掘潜力”叫“挖潜”等，使用这些词汇不会引起歧义，所以一直沿用至今。

（2）必要性原则

无论是古汉语、方言词，还是外来语的引用，都要考虑是否有补充普通话词汇的必要。如果普通话词汇中已经有了相应的、确切表达的词汇，就没有必要另外引用其他词汇。例如，上海话中的“白相”（玩）、“辰光”（时间）、“马路”（公路）等，普通话里已经有了明确的表达词汇，就没有引用它们的必要了。

引入外来词汇也必须遵循这个原则。“饼干”没有必要叫“曲奇”，“激光”没有必要称“莱塞”，“话筒”不应该再叫“麦克风”等。

由于社会新事物不断涌现，有时很难用相应的词汇表达准确的含义，于是出现了一些新词和借用词，如“反思”“磨合”“强势”“打造”等。至于“三明治”“汉堡包”“热狗”等音译词，都是特指国外的某种食品，所以也就沿用了下来。

（3）意义明确原则

普通话里普遍使用的古汉语，都是已为大家所熟知、所了解的，意义很明确；反之，一些含义不明、晦涩难懂的古语词，如“鼎辅”“葳蕤”“蹭蹬”“夭夭”等，没有普遍应用，因此也没有采用价值。

普通话采用的方言词汇，也要求是意义明确、普遍知晓的。例如，我们采用“香肠”，而不用方言的“烟肠”“酿肠”，采用“西红柿”，而不用“臭柿仔”“番茄俟”，取“钞票”而不取“铜钿”“纸字”“银纸”“票子”等。

汉语吸收外来词的历史早在张骞出使西域的时代就出现了。例如：从波斯语（伊朗）中吸收了“葡萄”“琵琶”“石榴”“狮子”等，从梵语（印度）中吸收了“玛瑙”“玻璃”“罗汉”“刹那”等。汉语还吸收了许多少数民族地区的语汇，如藏族的“哈达”“热巴”“酥油”，维吾尔族的“热瓦普”“冬不拉”，朝鲜族的“金达莱”“伽倻琴”，满族的“福晋”“萨其马”等。现在习惯使用的“胡同”“站”等语词也都起源于蒙古族。汉语对外来语的吸收，往往原来是借词，后来是另造新词，主要还是为了明确表达词意。有的词汇在音译的过程中有不同的注音方法，应以国家语言文字工作委员会确定的统一标准施行，如“冰淇淋、冰揽凌、冰激凌”等，标准是“冰激凌”。

3.表达明白晓畅

如前所述，播音表达就是指广播电视节目内容的播报方式。从口语表达的角度分析，播音表达可以分为转述式播报、陈述式报道、阐述式评论、叙述式交流、描述式解说等。这些口语表述方式在广播电视传播实践中都客观存在，也都具有各自的特点和应用范围。

（1）转述式播报

转述式播报适合代表组织、团体或权威人士发表文论或言论，也适合文学艺术作品的朗读。它曾经是广播电视中一种主要的语言表达形式，是在“三级审稿播出管理体制”以及“录播机制”下派生出的一种制播手段。它依托的是一种朗读语言或者说是“有稿播音”的方法，也是当前播音学的主要研究对象。只要广播电视还需要发挥“转述”作用，这种语言形式就会长期存在，且会具有较高的应用价值。政府文告、新闻公报、评论文章、文传电讯等，都需要用转述式播报，才能够准确、鲜明、生动地播报出去，随意地加词改句都是不严肃、不适当的。

而播送一些经典的文学作品（小说、散文、诗歌等），也只能用朗读转述的方法表达，不可能用其他的方法。因为这种语言表达准确、清晰、生动、形象，所以从广播诞生之初，就一直沿用至今。1906年的圣诞节前夕，当加拿大裔工程师费森登在人类广播史上首次播出广播节目时，人们听到的就是费森登朗读《路加福音》的声音。在我国，这种语言传播形式已经发展成为一门学科——播音学。可以说，正是这种广播朗读方法发展并完善了“中国播音学”。

（2）陈述式报道

时效性强是广播电视新闻的独特优势，有时它甚至可以同时、同步报道新闻事件。这种时效的发挥主要依赖记者在新闻现场做目击式口头新闻报道。但是，能否真实、客观地报道新闻事件，迅捷、准确地揭示新闻价值，取决于记者的口头语言表达能力。

例如，记者在奥运会比赛现场边看边说、边走边播，具有极强的现场感。他陈述的赛场实况，生动活泼地反映了运动员在奥运会赛场为国争光、奋力拼搏的激动人心的场面。主持人灵活调动各个场地最精彩的内容，可以使受众在有限的时间里，身临其境般地领略奥运会赛场的气氛。

（3）阐述式评论

阐述式评论通常是主持人在广播电视中即兴发挥，就某些社会事件或新闻事实发表观点性评论。这是主持人以新闻评论员身份出现时普遍采用的话语方式。《焦点访谈》就是此类型的典型节目。主持人的评论源于事实，高于事实。有时是观众目击事件，却难以表达出来的感想，可谓言其心声；有时是说出了观众没有意识到的内容，使观众有一种茅塞顿开的感受。

（4）叙述式交流

叙述式交流主要是指在广播电视节目中以谈话形式出现的话语方式。

比如,《实话实说》节目的创办者之一孙玉胜认为，在当今电视行业，纪实和谈话被视为两个最重要的元素，因此无论是创办新节目还是提升现有节目的水准，都离不开对这两大基本元素的深入挖掘与巧妙结合。仅有纪实和谈话才能使电视内容贴近真实，而这种真实感又恰恰能够与观众情感共鸣，体现出电视传播的核心价值。尽管谈话并非新概念，然而在谈话节目的运用上，许多从业者都一次次经历过全新的认知过程。

广播电台的夜话节目、谈话节目也都很受听众的欢迎，这与主持人的叙述能力密不可分。这种叙述能力并非都是先天的，主要还是后天获得的。因为叙述方法是有一定规律的，按照一定的规律培养和提高自己的语言能力，就能够变得机敏且健谈。

（5）描述式解说

在广播中，一些大型活动的直播需要现场解说，以弥补受众只能听、不能看的遗憾，如球赛解说、演出实况解说等。电视中大量的画外音也属于这种解说性质，因为它是对视觉信息的补充性说明和描摹，可以加深受众的感性认识。广播中的电影解说、戏剧演出解说也都具有描述性特点，需要使用描述性的语言来表达。

（二）“播音”的外延——语境制约下各类播音语体的传播

语言学家陈望道先生曾提出：“修辞以适应题旨情景为第一要义，不应是仅仅语辞的修饰，更不应是离开情意的修饰。”其原意是指，运用书面语言，要考虑环境因素的影响，我们称它为“语言环境”，简称语境。口头语言同样也受语境制约。我们把经过艺术加工的有声语言称为“有声艺术语言”，凡是在广播电视中运用话筒进行再创造的有声语言，都属于有声艺术语言。但是，不同的语境对语体的选择和语式的运用都有不同的要求，广播电视中各类节目的不同语境就是制约播音语言的特定条件。正如斯堪内尔所说:“关键的事实是，虽然广播人控制着话语，但是他们不能控制交流的环境。”“这股强大的动力驱使广播的风格和方式靠近普通的、非正式的谈话，而不是接近公开场合讲演的风格。”

播音就是一种口头语言形式，从语言材料的运用角度分析，可分为“有稿播音”和“无稿播音”两个概念；从应用语言学的角度分析，现存的播音方式至少涵盖了三种口头语体形式：播读（朗读）、阐说（演讲）和谈话。

张颂在《广播电视语言艺术》一书中曾说：“广播电视播音主持语体研究是一个综合性、实践性很强的研究方向。它的任务是，系统研究各类广播电视节目播音主持的语体特征，以及与之相适应的教学训练体系；分析不同言语形式与心理机制、生理机制的关系，研究创作心态差异和肌体反应差异对语言表达模式的影响。它以辩证唯物主义为指导思想，以调查研究、个案研究、系统研究、比较研究为主要研究方法。该方向将立足于总结我国广播电视播音与主持的丰富实践经验，吸收相关学科的理论研究成果，构建中国广播电视主持语体的理论体系。”需要说明的一点是，任何一种语体现象都不会孤立存在，各类语体间必然会存在互相渗透、相互交叉的情况。特别是广播电视的语境可塑性较强，这就出现了适应性语体的多种变化。

1. 播读语体

在一些转述播报类节目中，传播是单向的，没有直接的交流对象，也不需要接受反馈，播音员依据文字稿件进行语言艺术再创造。这样的播报方式是朗读式的，运用的就是播读语体。例如，新闻播报、文学作品播读等。要在不增减文字稿件内容，不允许“播错一个字”的要求下，完成“理解稿件—具体感受—形之于声—及于受众”的艺术创作，并不是件轻松的事情。原中央人民广播电台台长杨兆麟曾评价播音艺术家夏青“播送的新闻、评论、文稿，吐字清晰，浑厚稳重，态度鲜明，感情酣畅，逻辑严谨，跌宕起伏，义正词严，气势磅礴，回荡在中国的天空，深入千家万户，至今袅绕耳际。听他朗诵和讲解的古典诗词，不仅使人增长知识，提高素养，而且是一种美的享受”。张颂教授对夏青的评价更为精当，认为“夏青的语言艺术，字字珠玑，真是言不尽意；夏青的播音创作，博大精深，的确书不尽言”。这就是播读语体运用的典范。

2.阐说语体

阐说语体巧妙地结合了有声语言和体态语言，成为一门独特的语言艺术。以明晰的表达为目标，阐说语体通过恰当的措辞和深刻的思想，清晰地传达观点、主张、事理、情感以及评述性报道。这种综合运用使观点更生动、信息更鲜明，使沟通更具有效性，常用于广播电视的现场报道、现场解说、新闻点评或重大题材的现场转播。

3.谈话语体

谈话节目是一种通过广播电视媒介展示日常谈话状态的节目形态，以面对面、一对一的人际交流为主要形式。通常，谈话节目在演播现场由主持人、嘉宾（有时还包括现场观众）共同参与，围绕特定话题或案例展开即兴、平等、双向的交流。著名主持人杨澜就以她自身独特的文化魅力成功吸引了很多政要和名流，使他们乐意驻足交流。然而，需要强调的是，谈话节目不仅仅是主持人角色的代表符号，更是一种传播文化、扩展视野的重要途径。这种节目形式，不仅能够让观众近距离了解政要和名流的见解和思想，还能够推动文化的传播，促进多元思想的碰撞和交流。这种在广播电视媒介下的对话，不仅仅是信息的传递，更是一种对社会观念、价值观和文化认知的启发。

根据上述分析，“播音”的基本概念可以表述为：在广播电视等大众传媒节目语境下所从事的有声语言艺术创作活动。

而前述“播音”概念中涵盖的另一个因素——副语言，《中国语言学大辞典》中做了这样的解释：副语言的“狭义指有声现象。如说话时气喘，嗓子沙哑或者尖溜溜、吃吃笑，整句话带鼻音，某个字音拉得很长，压低嗓音打喳喳，结结巴巴说话不连贯等。这些是伴随话语而发生或对话语有影响的，有某种意义，但是那意义并非来自词汇、语法或一般语音规则”。美国语言学家G.L.特拉格教授是最早提出“副语言”概念的学者，但他认为：“副语言现象不属于语言，不能归入音位系统。”由于这个问题还存在较大的不确定性，所以这里不作讨论，暂且把它放在传播学的非语言现象中认识。

二、主持的概念

“主持”一词在深入研究广播电视领域的过程中，被归纳为一种较为契合广播电视特性的传播方式。因此，如果只是用“有声语言创作活动”阐述主持行为，显然是不够全面的，因为“主持”不仅局限于有声语言的创作，还包括其他的传播方式，如副语言。它不只是播出的最后一环，更超越了简单的信息传递，着眼于保障信息的准确传达，同时创造出适宜的传播氛围，引导受众的认知和情感体验。可以将播音看作一种有声语言艺术形式，而主持则更侧重为一种交流行为。

（一）“主持”的内涵——广播电视的交流性传播

应该如何理解“主持”概念呢？对这个概念的理解源于“主持人”，这是借用的外来语。但是即便是外来语，词义也在不断变化。譬如在美国，播音员和主持人并没有明确的分工与不同。他们认为，我们采用“播音员”这一术语，是因为它与广播行业工作的一般惯例相契合，并仍适用于目前的情境。然而，这个已经过时的术语终将会被其他新词汇取代。现代的广播从业者不再局限于传统的播音工作。他们在演播过程中不仅致力于播报信息，还要以娱乐形式与听众、观众互动，进行对话交流，报道新闻，并提供情感共鸣。与过去僵化、程式化的播音员不同，他们更少采用那种古板方式呈现节目内容。

从上面的分析中可以看出，播音员和主持人的身份区别并不是问题的关键，他们的工作方式和行为特征才是需要揭示的基本内涵。《中国播音学》曾对我国传统播音与主持人节目播音的现状做过以下分析（见表1-1）。

表1-1　传统播音与主持人节目播音比较

	传统播音	主持人节目播音
创作起点	一篇稿件	一次节目
创作依据	文字稿件	文字稿件、提纲、资料、腹稿
内容提供	由编辑提供成型的稿件	由创作集体提供成型的稿件或自编
播音方式	以播读为主的录播方式	以交谈为主的直播方式
创作位置	第三人称的客观述评	第一人称的主导地位

虽然表1-1并没有列出播音与主持所有行为特征的可比项，但仍可以看出，传统播音和主持人节目播音的重要区别是“播读”与“交谈”的不同。如果说“播读”“录播”是“单向传播”模式，那么“交谈”“直播”显然就是“双向交流”模式了。因此，“交流传播”应该是“主持”的基本内涵。

“主持”是从节目形态的变化中产生的传播行为，这种节目形态的显著特点是双向交流。这就是它与传统节目“单向广播”模式的本质区别。传播学的一个重要原则是：“信息是共享的。”有效传播是一个双向的过程，只有不断地调整“传”与“受”的关系，才有可能达到共享的目的。

如何在大众传播的过程中创造出“交流情境”，几乎是所有主持人节目努力的方向。从这样的认识角度可以得到许多合理的解释，譬如：主持人所谓的“人格化”“个性化”是真情交流的需要，面对不真实的人就不可能展开积极的交流；交流的情境是双向的，交谈又总是在平等的“主客关系”中进行；日常生活中的人际交流和团体互动一般都会有一个主持者，把这种交流形式引入广播电视，就必须有“主持人”，如此，等等。

分析主持人节目的传播过程可以看到，主持人所发挥的作用恰似这样的现代传播者。一方面，他作为“主人”（Host）需要提供大量的信息；另一方面，他还需要调制整合各类信息，以便大家能够共同分享。由于主持人被放在了社会交流的过程中，所以不可能再“照本宣科”式地转述稿件内容。

（二）“主持”的外延——各类广播电视节目的交流性传播

“主持”的外延主要是指主持不同节目内容的传播，如新闻类节目主持、综艺类节目主持、谈话类节目主持、专题类节目主持、服务类节目主持等。主持人是相对固定在特定的节目中的，且要求与节目共同形成鲜明的个性。这与传统意义上的播音员很不相同，播音员并不要求固定在某个栏目中，甚至可以实行轮班式播音。

主持人节目内容的专业性特点，要求主持人具有较为深广的与节目内容相关的专业知识。主持人的知识储备和积累是个长期的过程，并不是只通过狭义备稿就可以完成的。在直接面对受众交流的过程中，主持人必须持之有故、言之成理。

1.新闻类节目主持

主持这类节目需要具备深厚的新闻素养和敏锐的新闻感知能力，能够准确捕捉新闻的价值，快速构建报道的视角。因此，新闻类节目主持人往往是大众传媒的“旗帜”，具有无可替代的权威性。由于责任重大，他们主要由资深记者、新闻评论员担任。譬如，克朗凯特在《记者生涯》中回忆说："在我担任哥伦比亚广播公司电视节目主持人的绝大部分时间里，我还每天做个五分钟的评论……弗兰德利当上公司新闻主席后，他建议我在每晚的《晚间新闻》节目结尾时也做个相似的评论。"事实上，首创"新闻类节目主持人"这个语词概念的初衷，就是要选择一个在新闻报道的"接力赛"中能够发挥冲刺作用的新闻传播者。

2. 综艺类节目主持

综艺类节目主要是以文艺内容为主的节目形式，具有明显的艺术特征，主持人需要具备一定的艺术素质。综艺类节目主持人在英文中常用"Showman"与其他类型的主持人加以区别。

3. 谈话类节目主持

这类节目方兴未艾，内容也涉及方方面面。根据美国学者斯科特的分析，"在既包括信息性节目又包括表演性节目的众多谈话节目中，可以归纳出四大类型：新闻信息节目；杂耍喜剧访谈节目；人际关系、自助、心理和日常生活节目；为特殊观众服务的特别谈话节目"，如新闻类的《实话实说》、经济类的《对话》、艺术类的《艺术人生》、生活类的《聊天》等。美国著名谈话节目主持人拉里·金主持的《拉里·金现场》就属于新闻信息类的谈话节目。这类节目主持人具有的共同特点是通才练识、善解人意、妙语连珠。

4. 专题类节目主持

这类节目的内容包罗万象，通常是根据节目的特定内容设置其主持人。比如，气象节目主持人、金融节目主持人、法律节目主持人、体育节目主持人、读书节目主持人等。在英语中，这类节目主持人通常用"Host""Master of Ceremonies"等表述。这类节目主持人通常都有与节目所涉内容相关的专业背景，可称为专家型主持人。因为具备良好的专业背景，对栏目内容阐述透彻、分析精辟，这类节目主持人深受大家的欢迎。

5.服务类节目主持

这类节目通常都有明确的服务对象，受众指向明确。主持人和受众关系融洽，仿佛朋友一般。譬如，“孙敬修爷爷”“鞠萍姐姐”“董浩叔叔”等深入“童心”;《夕阳红》主持人陈志峰也成为老年人的“贴心人”；张越在《半边天》中成为妇女的“代言人”……作为服务类节目主持人，必须要了解自己的对象、服务于自己的对象，才有存在的价值。

三、播音与主持的关系

播音与主持，虽然内涵有别，却也存在很多共同之处。譬如，主持人在话筒前说话，那就是“播音”。此时的播音不仅仅是有稿件依据的播音，还应该包括脱口而出的述评、谈话等语言现象。因此，可以理解为“播音”的含义是更为宽泛，涵盖面更广的。播音是广播电视传播过程中多种口头语体的综合表达方式。除了播音员和主持人，广播电视记者在实地报道时同样需要科学的语言表达技巧。不仅如此，我们之所以将“主持”视为广播电视节目的一门传播艺术，是因为主持不仅需要运用语言进行传播，还要熟练掌握更为丰富的非语言传播技能。因此，“播音”这一概念并不足以涵盖除有声语言以外的各种传播行为，同样地，“主持”也无法取代语言再创造方面的“播音”艺术。

从传播过程角度分析，主持与播音在传播过程中相辅相成、相互借鉴，构成了一种综合而多样的传播方式。主持人作为传播者，通过精湛的语言表达手段，将信息传递给受众，引导节目的进行。然而，播音并不仅仅是语言的传递，它还需要主持人巧妙地运用非语言的传播方式，如肢体语言、面部表情等，增强信息的共鸣和传达效果。但不能因此武断地认为，“主持人节目”是现在和今后广播电视唯一的节目形式。主持作为一种综合传播方式，融合了语言与非语言手段，使得信息在传播过程中具有更高的信息量和更广的信息共享程度。主持人不仅通过言辞将观点传递给听众，还通过肢体动作、眼神交流等与观众建立情感联系，从而深化信息的传达效果。一些概念是在发展过程中形成的，随着社会和学科的发展并不是一成不变的。不管是播音员，还是主持人，抑或是脱口秀演员，都可以称为媒介传播者。现代传媒需要的传播者是多种多样的，不能以一种模式强行规范。随着社会的发展，传播者的角色也在不断演变。不同的时期可能会有不同的称谓，但他们都属于媒介传播者的范畴。真正的实践才是对传播方式的最终检验。播音员主持人需要不断地学习和实践，才可以更好地适应不断变化的传播环境，提升自己的表达能力和传播效果，从而在不断追求进步的过程中，不断丰富和完善主持艺术。学科建设也必须是经得起实践检验的科学体系。只要我们发扬科学的精神和求实的态度，“主持艺术”必将成为学无止境的艺术宝库。

在广播电视中，播音和主持是既相区别又相联系的传播活动。但无论涉及播音还是主持，均属于传播行为范畴，其共同的使命在于追求传播效果的最大化。这些传播行为总是在一定的语言环境条件下进行，不同的节目语言环境有不同的表达方式，目的是达到最佳的传播效果。

第二节　播音主持艺术的社会功能

一、传播功能

传播学理论认为：“大众传播是一种规模庞大的信息传递过程，在这个过程中，经过职业化和组织化处理的传播者出于各种目的，利用媒介系统迅速广泛地传送讯息，将其传递给人数众多、构成复杂多样的受众群体。”信息全球化的浪潮推进了媒介产业的发展，大众传播在人们的日常生活中举足轻重。随着社会的进步、科学技术的发展，大众传播面临着传播范围的国际化、传播环境的复杂化，以及受众选择的多样化和随之而来的竞争的白热化，这一切均要求传播观念不断更新、传播效果不断提升、传播功能不断优化。认识大众传播的基本功能，目的在于使一个社会系统的适应与调整的结果更趋于有利，有利于发挥正面功能，有利于减少负面功能。①

传播，是播音主持艺术最基本的功能，而新闻传播又是传播的最主要内容。

随着经济的发展、科技的进步、全球化进程的加快、交流的频繁，人们对新闻传播的关注越来越强烈。国际上的风云变幻、世界上重大事件的发生，都是人们关注的，从政府官员到百姓无不如此，我们随时随地都能感受到国际视野的普遍存在。人民群众对国内乃至所在地区的新闻信息的关注则更不用说，包括地震等一些重大灾情的发生，都是广播电视在第一时间发布信息并在抗灾救灾的过程中发挥了不可替代的作用，其中各级电台、电视台的播音员和主持人有许多令人肯定和感动的突出表现。同时，通过新闻传播还凝聚了党心、民心，展现了社会主义制度的优越性，弘扬了“一方有难、八方支援”，团结友爱，勇于自我牺牲的民族精神。通过广播电视，普通群众可以了解国家各方面的发展进步以及中央关于国计民生的重大决策，也可以了解与自己日常生活息息相关的种种信息。刘卓在《罗京　现在开始播音》一书中这样写道：“2008 年汶川特大地震，不论是

① 严婷.播音主持功能拓展的理念和路径［J］.采写编，2022（5）：78-79.

规模空前的生死大营救，还是历经险阻的千里大救援，不论是处处涌动的爱心大奉献，还是一方有难八方支援的社会主义大协作，这一切，都让全世界看到了中华民族风雨同舟、生死与共的强大合力，看到了在中国共产党的领导下全体中国人民抗震救灾、重建家园的精神和决心。罗京通过自己的专业表达大力弘扬了抗震救灾精神，大力宣传了在抗震救灾当中涌现出的先进思想和模范事迹，并以饱满的情绪去感染大家，使之转化为自力更生、艰苦奋斗、重建家园的坚定意志。在那个举国同悲的时刻，所有人心中都蕴藏着无尽的悲哀，罗京用自己的表达方式鼓舞了所有人战胜自然灾害的勇气，坚定了他们的信心，他鼓励大家众志成城，努力走出悲伤的情绪，在受众中产生了强烈的共鸣。他的表达质朴而不失儒雅，语气深沉有力、坚定自信，充满感召力。”[①]从中，我们也可以体会到播音主持传播的正向功能。

播音员主持人在信息传播的过程中，要在真和善的基础上抵达审美层次。真，要坚持真实的身份、真诚的态度、真实的信息、真挚的感情、真切的语气；善，要与受众心相连、情相通，要体现人文关怀。美，要做到声情并茂、形神兼备、有的放矢、控纵自如；有比兴、有语境、有灵性、有顿挫、有抑扬、有分寸，也就是达到传播功能与审美功能的和谐统一。

当然，新闻传播是大众传媒的主要功能之一，但并不是它的全部。因为以播音主持为主要传播形式的信息传播，其内容是十分广泛的，诸如政治、经济、文化、艺术、军事、科技、体育、社会生活等各个方面，既有新闻性的，也有知识性的、娱乐性的，包括意识形态领域里的文化传播等。播音主持负载着信息传播的重任，对社会的稳定、民族的团结、人心的凝聚、时代的进步产生着十分重要的影响。这一点，每一位从业者都应保持

① 刘卓.罗京　现在开始播音［M］.北京：中国传媒大学出版社，2019.

清醒的认识。

二、引导功能

2016年11月30日，习近平总书记在中国文联十大、中国作协九大开幕式上发表讲话，“希望大家坚守艺术理想，用高尚的文艺引领社会风尚。文艺是铸造灵魂的工程，承担着以文化人、以文育人的职责，应该用独到的思想启迪、润物无声的艺术熏陶启迪人的心灵，传递向善向上的价值观。广大文艺工作者要做真善美的追求者和传播者，把崇高的价值、美好的情感融入自己的作品，引导人们向高尚的道德聚拢，不让廉价的笑声、无底线的娱乐、无节操的垃圾淹没我们的生活”。2016年2月19日，习近平总书记在党的新闻舆论工作座谈会上发表讲话，“在新的时代条件下，党的新闻舆论工作的职责和使命是：高举旗帜、引领导向，围绕中心、服务大局，团结人民、鼓舞士气，成风化人、凝心聚力，澄清谬误、明辨是非，联接中外、沟通世界”。

一个时期以来，《见字如面》《中国诗词大会》《中国汉字听写大会》《中国成语大会》《朗读者》《经典咏流传》等节目先后现身荧屏，在全国观众中引起了强烈反响。有人评论说：“由于前一时期观众的精神文化生活被大量的娱乐充斥，已然到了‘审美疲劳’的地步，因此有一种沉下心来呼唤文化的趋势在渐渐出现。”还有的评论认为，电视荧屏上充斥了太多的喧嚣与华丽，许多节目似乎只受市场和资本的驱使，只求快速抢夺受众的眼球，却忽视了广播电视传播媒介是一种承载精神内涵的产品的本质，似乎只片面追求消遣价值和产业价值。而如今，随着大众内心对泛娱乐饥渴的逐渐减弱，人们开始追求有价值的精神生活，开始更加关注广播电视传播媒介的有用性、知识性。因此，也可以抱有乐观的态度，认为真正具有深刻文化价值的优秀节目最终会脱颖而出，成为主流的选择，从而逐步改变中国大众的精神面貌。在这一过程中，广播电视播音主持扮演着重要的引导角色。他们在节目制作中不仅需要传递信息，更需要将引导与审美结合，以产生积极的影响。正如春风化雨，他们的言辞和表现可以滋润人们的内心，引导观众走向更有意义、更有深度的精神体验。

综上所述，广播电视播音主持担负着重要的引导功能，而引导必须和审美相结合才能产生春风化雨的效果。

三、认知功能

广播电视语言传播在达到信息共享的基础上，还要实现认知共识的目标。

什么是认知共识？认知共识主要是指在语言传播中，必然蕴含着理性内涵，需要在个体的人生观、世界观以及价值观的取向与走向上进行感知、理解、交流以及相互构建。

对于语言传播，人们不满足于听到你“说了什么”，还要了解“为什么说”等言说背后的弦外之音、言外之意，即俗话说的“听话听音，锣鼓听声”。苏轼在《答谢民师书》中说：“夫言止于达意，即疑若不文，是大不然。求物之妙，如系风捕景，能使是物了然于心者，盖千万人而不一遇也，而况能使了然于口与手者乎？”

在有声语言传播领域，有声语言传播通过融合科学精神和人文关怀的元素，巧妙地吸引并感染着广大受众。科学精神和人文关怀的精髓深藏于词语的深层内涵之中，必须借助有声语言创作的力量，展现和彰显于世。这种创作形式需要具备独特的表现力，这只有依赖有声语言创作主体以有声语言特有的表现力加以挖掘和表达。这种挖掘和表达，需要很强的艺术功力，它能使有声语言超越“稍纵即逝”的藩篱而抵达“意在言外”“余音绕梁，三日不绝”的境界。此外，在有声语言传播的过程中，创作主体必须巧妙地将科学精神与人文关怀融合，以达到更加深远的影响。词语所蕴含的深刻内涵，需要经过有声语言的媒介逐渐显露于受众面前，从而引发受众对于知识和情感的共鸣。在这一过程中，表现力的运用显得尤为重要。创作者需要借助独特的艺术表达，将抽象的思想和情感凝练成具体的声音形式，使其更易于被接纳和理解。所以，苏东坡认为“了然于口”比“了然于心”更难。

张颂认为，“为什么说”并非仅是对特定语言内容的直接诠释，还意味着在广义认知层面上的理性共鸣，即传播者的理念与接受者的观念之间的相互交融。只有在这种情况下，传播者的意图才能得以实现，受众的期望才能得以满足。

所以，传者不仅要解决“为什么说”的问题，还要解决“怎么说”的问题，怎样及于受众，使传播语言入耳、入脑、入心。受众所接收的，不仅局限于感官上的刺激，更涵盖了思维的能力与感情的活力。夏青在教导青年播音员时说，播音员在进行播音前，应充分备稿，遵循“三读”“三思”的原则。“三读”包括粗读、细读和再粗读，旨在确保对稿件的全面理解和准确表达。“三思”指的是分析文章后还要再思考，即放在时空背景中、置于节目整体视角下以及站在听众的角度去考虑，从播和听的对比中考量实际的表达和传播效果。郭沫若曾称赞夏青说：“真是三分文章七分读哇！”

听夏青的政论播音，人们会感受到一种巨大的逻辑力量，不仅信服，而且被征服。其关键在于将播音员与文字稿件之间的逻辑联系和文字稿件通过播音员传递给听众的逻辑关系有机结合，从而实现高效的信息传播。在这一过程中，科学性、创造性地运用停顿成为一项重要手段，因为停顿不仅能够为受众提供思考问题的时间，还能引导受众进行深入思考，并将思绪与所接收的内容有意识地相连。播音员在传播过程中应当避免表达得太快、连贯得太多，造成信息传递过于密集，应该给予受众充足的时间消化内容，从而更好地进行反思思考。这样的策略能够促使听众主动思考问题，与广播内容建立更深层次的共鸣。同时，播音员的引导力量在此时也得到充分发挥，引导听众逐步形成对广播主题的全局把握，即大逻辑，以及对内容细节的深入理解，也就是小逻辑。心里装着听众，这就体现了语言传播的人文关怀，也就能更好地发挥播音主持的认知功能。

同样，认知功能的实现应该和审美功能的实现同步完成，因为理性与感性、逻辑的力量与审美的力量是互相依存、互相支撑、互相包含的。张颂称赞夏青“字正腔圆”的播音境界时说：“他那明亮圆润、浑厚坚实的声音，他那清晰纯正、韵律悠扬的词句，造就了一种悦耳动听的形式美。这种形式美，产生了先声夺人、引人入胜的听觉效应；仅此，就使人百听不厌，乐此不疲了。”

四、服务功能

从总体上说，播音主持艺术的全部功能都可以用服务功能概括，这是由广播电视服务于人民事业的宗旨决定的。

服务的内容具有广泛性、多样性，除上面我们谈到的几个方面都体现了不同层面、不同角度的服务功能外，还有许多服务的内容和形式，特别是直接关系到社会各方面需求、直接关系到人民群众切身利益的服务内容。满足这些愿望和需求，有利于增强广播电视的社会效益，增强广播电视与人民群众的密切联系，推动和谐社会的建设。

1998年，国家哲学社会科学研究“九五”规划重点项目《中国电视论纲》把电视节目分类为“新闻节目、社教节目、文艺节目、服务节目”。在这四种节目形态中，新闻节目和文艺节目界定比较清晰，容易划分；相较而言，社教节目与服务节目的题材、体裁一直处于不断的调整与组合当中，内容与表现要素频繁交叉、融合，对于主持人的要求及其主持艺术也有许多共通之处，不宜做简单区分。

《广播电视辞典》对生活性服务节目的定义是：以实用性内容为主，直接为观众日常生活、学习、工作服务的电视节目。这类节目以传递信息、解答疑问和反映民意为重点，致力于为受众解决日常生活、学业和职场等方面的实际问题，为社会提供直接、切实的支持。其关注点集中在实际应用价值上，旨在满足生活中各种服务需求，为受众提供有益且实用的内容。

知识性服务节目，如《鉴宝》《养生堂》《百科全说》《走近科学》《探索·发现》《经济半小时》《人与自然》等，在观众中都有较好的、积极的反响。

对象性服务节目有女性节目、婚恋节目、少儿节目、农民节目、军事节目、老年节目等。《大风车》《智慧树》《聚焦三农》《乡约》《致富经》《非诚勿扰》《半边天》《夕阳红》等，在观众中均有很好的口碑。

生活性服务节目，如介绍烹调、保健、美容、服饰、购物、投资、家装、生活小窍门、家电使用保养等家庭生活实用知识的节目，题材广泛、内容丰富，以鲜明的实用性与服务性为观众喜爱。《美丽俏佳人》《交换空间》《家政女皇》等都是很受观众欢迎的节目。

教学类节目是课堂教学的扩大和延伸，结合了知识性与趣味性，如《百家讲坛》已经成为中央广播电视总台的品牌栏目，曾在全国观众中产生较大影响。

还有不少节目无法简单归类。比如，《今日说法》每期集中剖析一个典型案例，以记者外拍的相关调查为主线，或访谈，或演播室连线，邀请法律专家针对案例加以点评，介绍相关的法律知识，以达到向观众普及法律知识的目的。该节目办得很有特色，拥有庞大的观众群。

上述节目的服务性是不言而喻的，但是节目不能做得枯燥，要把知识性、实用性、服务性与审美性结合起来，寓服务于快乐，如叙事平民化、内容情节化、表现场景化。还有的节目尝试运用轻松活泼的娱乐化表现形式，将竞技、表演、真人秀等娱乐元素渗入其中，让观众在娱乐中获得服务。

第二章

播音主持艺术的发展历程

第一节 播音主持艺术的属性

播音与主持是广播电视节目的传播工作，既具有大众传播的性质，也有艺术表现的功能。播音与主持中的有声语言是广播电视重要的信息形式，存在着大量的非语言表现手段。广播电视节目中的许多内容都需要进行语言艺术再创造与信息传播再整合。从概念上理解，播音与主持既相互区别，又彼此交融。[①]

一、播音主持艺术的基本属性

（一）播音主持语音发声的属性

1. 自然属性

（1）生理性

语音发声具有生理性。语音发声声源的振动靠的是人体的发音器官，即声带和共鸣腔。胸腔、喉腔、口腔、鼻腔都是共鸣腔。其中，最灵活的

① 朱晶. 播音主持的属性和语言辨析［J］. 新闻传播，2021（4）：100-101.

是口腔，口腔随着舌、齿、唇和软腭的变化而变化。鼻腔共鸣主要通过软腭的升降运动和声束冲击硬腭的不同位置调节。

（2）物理性

语音发声具有物理性。通过人体发音器官这一声源的振动，引起空气的振动而产生振动波，也就是声波。

2. 社会属性

（1）心理性

以表达的内容打动受众，是播音主持语言传播的本质要求。语言的产生和接收理解的过程是人的心理活动的过程。

（2）艺术性

播音员和主持人在内容形式的把握和表达技巧水平上存在差异，这些差异是导致不同传播效果的主要原因。

3. 生理物理性、心理性和艺术性三者的关系

生理物理性是表层形态，是基础。所谓表层形态，是指有声语言的语音层面。将其视作基础，因其不仅能够显现一般性的表面信息，同时也能够呈现独特性的深层内涵。

心理性是内在实质，是目的。所谓内在实质，是指有声语言的表达，是以传受双方的共鸣为目的的。传受双方能否产生共鸣，主要取决于传播内容及播音主持创作主体的表达。以朗诵孟浩然的《春晓》为例。如果朗诵者没有一定的社会阅历，读到“夜来风雨声”时就不会产生联想和想象，对后面“花落知多少”也就不可能有深刻的理解。所谓深刻，就表达而言，就是加入了朗诵者的理解。

艺术性是手段。这是因为有声语言表达的艺术性，首要考虑的是播音主持创作者对传播内容和形式的认知和理解，因其决定了创作的前提条件。创作的准则在于主持人表达的方式是否适当，以及在表达中把握分寸是否得当。如果没有掌握一定的表达手段和技巧，传播效果就会受到影响。

有声语言表达是否有标准？答案是肯定的。比如，音正语顺、表达流畅是一般要求；言简意赅、所言必中是创作要求；深入浅出、言近旨远是美学要求。但不论是一般要求、创作要求，还是美学要求，都离不开语言表达的生理物理性，嗓音圆润、言语规范是大众传播的基础。

加强心理性探察，着力艺术性研究，通过生理物理性展现，三者缺一不可。只有三者结合，才称得上是有声语言创作，才有播音主持语言美可言。

（二）播音主持工作的创造性

播音主持创作主体只有将自己的理解感受、审美追求融入有声语言表达，才称得上是播音主持创作。具体来说，播音主持工作的创造性表现在以下几个方面。

1.语言交流的传播性

所谓语言交流的传播性，是指播音主持创作活动是一个心理—生理—物理—生理—心理的过程。播音主持与日常谈话的区别主要表现在三个方面：①因为交流活动通常无法完整呈现，因此需要依赖于“对象感”弥补不足；②除了表达个人观点，还应将他人观点融入并转化为自身语言进行表达；③创作主体代表的是党、政府和人民，是党、政府和人民的“喉舌”。

第一个方面是由传播技术特性所决定的。播音主持创作主体要做到“目中无人，心中有人”，即使“目中有人”，如现场报道、现场访谈、现场主持，仍要坚持“心中有人”，因为受众才是传播和服务的对象。

第二个方面是由语言传播特性所决定的。播音主持创作主体不能只是把稿件转化成有声语言，而且要有转化的过程，要尽可能把自己的理解、感受、个性结构系统、审美理想追求，融入有声语言。

第三个方面是由媒体性质定位所决定的。播音主持创作主体要有个性，但要符合节目、栏目的需要。

2. 创作境遇的应变性

（1）声像转化的创造性

播音主持创作主体要对稿件进行分析，通过联想、想象表达稿件内容，针对现场发生的客观事实进行即兴口语表达。所以，播音主持创作主体要把握社会脉搏、体察人生百态、流露真情实感、传播人文精神。

（2）创作动态的适应性

传播的时效性：传播的时效性由新闻的时效性决定。播音员和主持人应随时准备应对各种突发情况，因此需要具备两种基本能力。一是狭义备稿能力，这是广义备稿在创作表达方面的基础；二是广义备稿能力，这是狭义备稿的前提，是把握全局，增强即兴、应变能力的基础。

内容的广泛性：播音主持创作主体需要具备驾驭全局，适应各种内容、形式、要求的能力。

表达的日常性：播音主持创作的显著特征在于其紧张性和连续性，所以播音主持创作主体要反应敏捷，要有毅力和耐力，要善于“从零开始”，要树立强烈的当下意识。

（三）播音主持艺术的基本属性——新闻性

播音主持艺术的学科性质取决于它的学科地位。首先它属于新闻与传播学的研究范畴，又是广播电视学的研究对象，同时它还是具有某些艺术特质的广播电视专业。这样的层级关系，既说明了它的学科结构，也确定了它的学科地位。

从播音主持语音发声的属性、播音主持工作的创造性，可以认识到新闻性对播音主持的重要影响。播音员和主持人归属于一定的媒体，媒体的新闻传播性质决定了播音主持的基本属性是新闻性。

强调新闻性是对新闻事实的报道，一方面，明确了新闻的公开传播性质；另一方面，由新闻的公开传播性质，决定了播音主持创作主体对报道内容的选择判断和价值取向，决定了播音主持创作主体必须寻找传播内容与受众的利益共同点。不论播音主持创作主体是否自觉，主观倾向性总是寓于对客观事实的叙述之中。但主观倾向性不等于主观片面性。新闻播音强调播音主持创作主体的主观态度，目的就在于客观、公正地报道新闻事实。

二、播音主持艺术的特殊属性

了解播音主持艺术的基本属性，对于明确播音员主持人的职业身份十分必要。为了更好地履行播音主持的岗位职责，完成创作任务，我们还应当了解播音主持艺术的特殊属性。

（一）字正腔圆的蕴涵性

播音主持的语音发声要求吐字如珠、声音圆润、清晰持久，即所谓的“字正腔圆”。声音集中、字音准确清晰，才能适应广播电视话筒镜头的工具性能要求，做到压缩、放大不走样，才能向着成为有声语言表达典范的目标努力。

1. 字正腔圆体现了声音技巧的圆熟性

播音主持要求字正腔圆，绝不意味着千篇一律、刻板不变。从发声原理看，大脑的语言神经是受到目的、情感的支配后，才调节气息与口腔唇舌，带动着喉头、声带运动。

从表达要求看，在有限的时间里，要保证内容的可听、好听和耐听，需要播音主持创作主体掌握语音发声技巧。播音主持创作主体只有做到字正腔圆，才能进入有声语言和副语言传播的创作层面。

2. 字正腔圆涵化着体裁形式的多样性

在大众传播中，语音往往靠一个个音节的连缀而形成一段段语流，产生一定的意义，从而起到传播、交流的作用。在语流中，不仅语音会因为发音部位和发音方法的不断改变、相互影响而产生音变，而且语意、情感都在发生变化，即广播电视节目有不同的体裁，不同的体裁需要不同的表达方式。在表达实践中，不要以为形式只是被动地作为内容的附属物，应该看到形式的巨大反作用。要先以读者身份鉴赏，审视其共性中布局谋篇的个性；再以评论者的身份辨析，考察其叙写中遣词造句的特征。

不同的体裁有不同的特点，如新闻的“五个W”（五要素）和倒金字塔结构、通讯的情节和细节要素、评论的逻辑三段论结构、诗歌的平仄韵律、散文的形散神聚特征、小说起承转合的故事性、戏剧的矛盾冲突性等。播音主持创作主体要分析不同文本、不同节目的体裁特点，在把握不同体裁表达要求的前提下，对内容有所侧重和强调、有所削弱和淡化，既不违背创作意图，又能使受众的视听需求得到满足。

3. 字正腔圆包含着思想感情的渗透性

当思想只具备一个笼统的轮廓，以纯粹、赤裸的形象出现时，它所起的反作用跟它在获得更多的语言“色彩”时所起的作用是不一样的。有声语言的“色彩”不是别的，正是播音主持创作主体理解、感受到的人类精神和思想感情。如果把声音技巧、语体样态看作“形于外”的表层，那么，作品内容、思想感情便是“动于衷”的深层。因此，播音主持创作主体只有做到字正腔圆，才能正确传达作品的思想感情。

（二）播音主持艺术的核心属性——艺术性

播音主持作为一门艺术性的语言，需要注重其风格。风格在这里涉及艺术美学的领域。然而，从语言与言语区分的角度看，它主要指涵盖在语言运用中各种特征的综合呈现。

狭义的播音主持，特指播音主持创作主体在话筒、镜头前对受众进行语言转化的创作活动。播音主持的概念包含了“三主体一平台”，即播音主持创作主体、受众、稿件、播出平台。在这四个要素里，起核心作用的是播音主持创作主体。播音主持创作主体可根据对稿件内涵的深刻理解，融合受众瞩目的需求，借助播出平台实现信息的分享、共识的凝聚以及情感的共鸣等传播目标。

这里，我们可以借用德国哲学家海德格尔有关“在场”与“不在场”的哲学概念观照播音主持艺术创作。如果播音员和主持人本人是“在场”，那么播音员和主持人的家庭环境影响、文化知识背景等就属于“不在场”。如果播音员和主持人通过有声语言和副语言所反映的内容是“在场”，那么构成这些内容的政治、经济、文化等社会各个领域、各个层面的因素就属于“不在场”。那些“不在场”的因素不断地积累和巩固着“在场”的基础，促使播音员、主持人开阔视野，不断增长自己的学识、经验，以便能正确看待和把握主客观世界；同时，主客观世界不断发生变化，要想更好地呈现“在场”的内容，必须不断深入挖掘“不在场”的因素。

在广泛的大众传播中，有声语言的转化不可或缺，这种转化涵盖了从书面文字语言向有声语言的过渡，以及从内在的思维语言向外部声音的转换，从而构成了创作的基础。播音主持被视为一项独特的艺术创作，其中涉及文字语言和内部语言的高度转变。这种转变不仅仅是声音的转化，更包括理性的深化，以及情绪和情感的巧妙转化。这一过程需要播音员主持人将书面文字与内心思想之间的融合展现出来，确保传递的声音既准确又充满情感。转化的深度和广度会受到播音主持创作主体个人素质和能力的影响。因此，优秀的播音员主持人不仅需要具备卓越的声音表达能力，更需要对文字语言与内在情感之间的关系有深入的理解，具备将这种理解转化为有声语言的独特技巧。

第二节　中国播音主持艺术的发展历程

播音员主持人在广播电台和电视台属于至关重要的职位，同时播音主持艺术也是广播电视学领域的重要研究内容。国外开设这一专业的院校相对较少，而中国已经积累了数十年的人才培养和教学经验，使播音主持艺术逐渐发展成为一门独立的学科体系。广播电视播音与主持的研究范畴主要涵盖了各类节目的播音手段与传播方法，与传播学、语言学、新闻学、艺术学等多个学科紧密交织。这门学科在探讨声音艺术、传媒传播等领域的同时，也与文化、社会、心理等诸多领域产生着千丝万缕的联系。

传统播音学科主要涉及播音基础理论、播音发声（吐字归音）和文体播音三大板块。之后对节目与节目主持人也有所涉及，但主要还是围绕语言艺术而展开的各类研究和课程教学。总结前三十年广播电视改革实践中出现的许多新情况、新问题，我们还需要进一步拓宽学科视野，寻求更加符合现实需要的教学内容和教学方法。

中国播音主持艺术理论的研究推动着播音主持实践不断向前发展。张颂曾将中国播音主持艺术理论的发展概括为四个时期：萌芽期（1923—1961年）、草创期（1962—1981年）、形成期（1982—1994年）、发展期（1995年至今）。

一、萌芽期（1923—1961年）

萌芽期以新中国成立（1949年）为界，具体分为两个阶段：1949年之前与1949年之后。1949年之前，叶圣陶、鲁迅、茅盾等人针对当时的广播节目内容和播音状况所发表的言论发人深省。

1932年12月23日，叶圣陶在《申报·自由谈》上发表了《文明利器》一文。文章针对当时广播的传播状况，不仅肯定了文明利器在传播意义上的工具性价值，更明确了附着于工具之上的社会文化价值的重要性。文章指出："收音机这家伙如果能好好利用，譬如说，用来团结大众的意志，传授真实的知识，报告确切的消息……那么，从社会的观点说，它的价值的确是了不起的。"一切所谓"文明利器"，其价值都不仅在于其本身，更在于其对社会的影响。尽管叶圣陶的著作并未直接涉及播音主持领域，然而对播音主持的本质和使命而言，其在整体上提供了重要的指导价值。

20世纪初期至中期，文化界备受瞩目的名人对广播媒体的内容与创作进行了深刻的评述和批判，披露出当时广播媒体为特定阶级利益服务以及迎合低级趣味的问题。

鲁迅于1934年刊发了一系列杂文，其中包括《儒术》《奇怪》《偶感》《知了世界》等。这些杂文针对当时上海的民营广播电台节目进行了详尽评述，展现了当时的广播媒体为剥削阶级服务的实质，同时严肃批判了广播媒体迎合低级趣味的现象。

1937年8月28日，茅盾在《救亡日报》上发表了题为《对于时事播音的一点意见》的文章，对当时的时事播音进行了独到评价。茅盾明确指出，播音不应仅仅僵化地宣读报纸内容，而应该在风格上进行变革。茅盾的这一见解已涉及播音创作以及播报样态变化创新的核心议题。

这些观点的批判不局限于媒体内容的社会性质，也涉及创作风格的演变，以及对时事报道处理方式的反思。这些批判不仅促进了广播媒体的改进，还对广泛传媒领域产生了深远影响。

1948年5—9月，新华社语言广播负责人梅益、徐迈进、温济泽等同志与陕北新华广播电台的播音组频繁通信，强调了宣传要点：语言规范、播读准确、立场明确以及编播兼顾等。同时，陕北新华广播电台对播音员也提出了明确的要求，要求他们在播音过程中严格遵循稿件，不得有错漏或更改，一旦发现错误应立即重播。而若涉及重大错误，必须在征得编辑部负责人的同意后，再正式发表更正。

这些行动凸显了当时的广播媒体对播音员的要求和重视，同时也表明了对传播内容的准确性、清晰性以及立场的明确性的强调。这些工作更好地保持了广播的权威性和可信度，确保了信息的准确传达。这些举措在广播领域的发展和规范化方面发挥了积极作用。

1949年以后，广播的覆盖范围得到了显著扩大，规范要求也更加严格。政策文件的发布和业务交流，为播音研究提供了重要助力。

1949年3月，陕北新华广播电台迁至北平并改名为北平新华广播电台。随后，电台制定了《北平新华广播电台训练播音方法》。该方法全面涵盖了播音员的选拔标准、播音注意事项、遵守制度等方面内容，以及准备稿件、掌握语音的各种要素，传达语气和情感等的技巧，包括如何掌握抑、扬、顿、挫、快、慢、轻、重，如何使用语气、表达情感等，可以说较早、较系统地论述了什么是播音。

1952年12月2日，中国举办了第一次全国广播工作会议。这次会议在北京召开，集中讨论了播音工作的性质、任务、作用以及练声业务等重要议题。其间，中央人民广播电台特别组织了播音工作座谈会，其核心观点强调了播音员不能仅仅是传声筒，更应该是具备丰富政治情感和艺术修养的宣传鼓动家，是人民的“喉舌”。会议强调，播音员的声音应真实地展现出中华民族的伟大气魄，每一句话都应当具有打动人心的力量。这一观点至今仍具有指导意义，因为它提示着播音员主持人在表达中要注重情感和共鸣，以及传达积极的价值观。这些指引不仅引导着播音员要更好地与受众沟通，同时也为播音行业的进步和发展打下了坚实的基础。

1954年7月，中国广播代表团成员齐越前往苏联学习，随后将苏联的播音经验带回国内，产生了深远的影响，为中国的播音界带来了新的启示。与此同时，中央人民广播电台的播音组也从苏联的播音经验中获得灵感，并结合自身实际经验，撰写了一系列文章，系统总结了播音员的工作体验，为国内的播音事业注入了新的活力，其中包括徐恒执笔的《播音员和播音工作》、夏青执笔的《克服报告新闻的八股腔》、李兵执笔的《播社论的体会》、张洛执笔的《把现实中的情景鲜明地再现在听众面前》，以及齐越执笔的《播音员和实况广播》等。

1955年3月，全国播音业务学习会在北京举行，这是1949年以来首次由中央广播事业局召开的全国性播音会议，涉及了诸多重要内容。中央广播事业局局长梅益发表讲话，深入探讨了播音创作的方向、态度，以及创作手段、技巧、情感修养等多个问题。会议还特别关注了朗诵、语音学知识、发声机理与方法、嗓音训练与保护、戏剧表演体系以及演员修养等多个方面。这次会议明确了对播音的性质、地位和作用的认识，丰富了播音表达方法，形成了播音创作的基本架构，为构筑中国播音学打下了坚实的基础。

二、草创期（1962—1981年）

中国播音理论的草创期和萌芽期不同，它不仅伴随着一线的播音主持实践，还伴随着播音主持的教学实践。1962年，齐越前往上海电台参加播音组的座谈会，就播前、播出、播后三个播音工作环节发表讲话。他谈道：播出时，注意力必须集中到传达稿件的思想感情和内容上，这是完成传播目的的重要保证；播后应虚心听取各方意见，认真辨别，扬长避短。齐越的讲话还特别谈到播音创作的三个出发点和分析掌握稿件的三要素。三个出发点指的是：从内容和形式出发、从人民播音员（党的宣传员）身份出发、从播音员自身的具体条件出发。三要素指的是：是什么、为什么、对谁讲。也就是说，播音员要根据内容、围绕目的、明确对象、运用技巧，将党和人民的声音传达好。

1963年9月，北京广播学院正式招收播音专业的学生，开设了"发声教学""基本表达"等课程，涉及播音的性质和任务、播音创作的目的、用气发声以及内外部技巧等方面。播音理论体系开始建立起"一定的格局和基本观点框架"，阐明了"播音表达规律""正确的创作道路""新中国播音风格"等内容。

1981年8月，第二次播音经验交流会在北京举行。这次会议主要探讨了新闻播音的特点，以及当时新闻播音方面存在的主要问题。会议提出，播音工作必须根据改革需要，勇于创新，探索新的播音方法，还提出"大胆创新、百花齐放"的口号。会议结束后，全国各地的播音员踊跃贯彻落实会议的精神，积极投入学习和实践，在播音业务和理论建设方面取得了非常显著的成就。

三、形成期（1982—1994年）

1982年1月，张颂发表了题为《研究播音理论是一项紧迫的任务》的文章，为播音主持艺术理论研究奠定了基础，开启了播音主持理论研究全面发展的篇章。夏青根据此文，针对当时播音主持界存在的理论研究显得“无足轻重、鲜有问津者”的情况，指出：“本文在这方面，提出了体系的构想，呼吁同行作为一项紧迫的任务，向理论的深度和广度进军。”

1983年，张颂出版了专著《朗读学》，主要内容包括态度情感、目的对象、朗读规律、具体感受、朗读状态以及语气、节奏、停连、重音等朗读技巧。虽然《朗读学》一书是针对朗读并立足于朗读的独特性进行的建立学科体系的努力，但其中涉及有声语言创作的基本要求、基本流程、基本规律，构筑了播音主持创作基础理论的基本框架。

从1985年开始，《中国播音学丛书》系列著作相继问世，如张颂1985年所著的《播音创作基础》、徐恒1985年所著的《播音发声学》、吴郁1988年主编的《播音学简明教程》、张颂等人1990年所著的《论播音艺术》、姚喜双1992年所著的《播音风格探》等，为中国播音学理论体系的形成做了充分的前期准备。

1986年，全国播音学术研讨会在银川举行。紧接着1987年，中国广播电视学会在北京设立了播音学研究会（后改为播音学研究委员会）。这一学会的成立为全面、深入进行播音理论研究提供了极大的推动力，发挥了重要作用。

《播音语言通论——危机与对策》一书是张颂在1994年对广播电视事业发展过程中忽视语言规范和轻视语言功力观点的回应与驳斥。在这本书中，张颂聚焦于播音主持艺术，对播音语言的性质、特点、内涵以及外延进行了详尽的探讨，全面而深入地论证了播音学科的地位与作用，强调了语言在广播电视领域中的关键作用，以及播音主持艺术作为一门学科，需要有坚实的语言基础作为支撑。他的观点为播音学科的发展指明了方向，让人们认识到播音不仅仅是喉头发出声音，更是一门需要深刻的语言功力和规范的艺术。

四、发展期（1995年至今）

《中国播音学》《播音语言通论——危机与对策》出版以后，播音主持的理论研究进一步深化、拓展。1998年，姚喜双出版了《播音学概论》，该书全面探讨了播音学科的独立性，并从美学角度进行了深刻审视；1999年，吴郁发表了《主持人的语言艺术》，对语境、语言功力、语用规则、语言风格和主持人节目的语体特征等问题进行了详细深入的探讨，同时系统性地对主持人在节目中的语言表达进行了分类研究。

1999年，中国传媒大学播音主持艺术学院开始与中国广播电视学会播音学研究委员会合作编辑出版《播音主持艺术》。该系列文集每年出版一辑，经过持续努力，截至2015年，已累计出版了14辑。这些文集内容涵盖了丰富多样的主题，包括获奖论文、基础理论研究、教学研讨、人物访谈，以及与一线实践相关的内容。这一系列文集在中国播音学研究领域发挥了重要作用，不仅为该领域提供了一个有机的知识交流平台，也促进了学科的不断发展。通过收录获奖论文，这些文集体现了学术上的杰出贡献，并为基础理论研究的深化提供了支持。同时，教学研讨和人物访谈等内容也为该领域的教育和实践带来了实质性的指导。

2003年，《中国播音学》修订后再次面世，这一版著作将业务内容细分为广播播音与主持以及电视播音与主持。同年，张颂编著的《朗读美学》出版，为有声语言表达设定了全新的标杆。1997年起，张颂在多种刊物上发表了数十篇论文，这些论文随后被分别收录于1999年的《语言传播文论》、2002年的《语言传播文论》续辑以及2006年的《语言传播文论》第3辑。2009年，张颂文集《播音主持艺术论》出版。在这些论文中，张颂进一步地深入和拓展了对中国播音学的研究，由此，中国播音学理论研究体系以播音主持为核心，涉及语言学及应用语言学、新闻传播学、哲学美学等诸多学科领域，涵盖了三个子系统：广播电视语言传播系统、播音主持理论系统、大众传播和人际传播的关系系统。①

在张颂的指导下，中国播音学博士论文陆续出版，其中《语言传播人文精神的阙失与重构》（李凤辉）、《当代广播有声语言的创新空间》（柴璠）、《播音创作主体论》（金重建）、《中国电视节目主持人文化影响力研究》（曾志华）等，张颂都亲自写序，发表了有关播音主持研究的最新见解。之后，张颂的著作《朗读学》《播音创作基础》《播音语言通论——危机与对策》也分别做了修订。

第三节　播音与播音主持艺术的未来发展趋向

一、发展创新的必然性

由于自身的矛盾运动以及外部条件的作用，事物总是在不断地发展变化，这是发展和创新的根本动因。艺术创作也是这样，艺术的生命在于创新和创造。如果在艺术领域中不进行创新、不追求发展，死抱住旧的东西不放，陈陈相因，艺术就失去了存在的价值。

艺术的发展需要将继承借鉴作为基础，但继承借鉴并非单一目标，真正需要追求的是艺术的创新和创造。在这个进程中，创新创造扮演着至关重要的角色，因为它是艺术不断前进的关键。在艺术发展的过程中，批判

① 黄杨皓.早期电视新闻播音主持的发展历程以及语言特点探析［J］.传媒论坛，2018，1（8）：75，77.

性的继承借鉴与创新创造相辅相成、相互补充，二者缺一不可。继承借鉴为创新创造提供了坚实的基础，而创新创造则代表着最为出色的遗产传承方式。这种持续的相互作用推动着艺术的蓬勃发展，塑造着新时代的艺术面貌。

播音主持艺术的发展也遵循了继承借鉴与创新的普遍规律。在应对自身内部矛盾和外部环境变化的过程中，播音主持艺术不断地发展演进。继承借鉴作为其发展的基石，为创新提供了坚实的基础，而发展创新则使继承借鉴的理念和经验得以转化为现实成果。尽管播音主持艺术的历史不算很长，但其已经清晰展示出在继承借鉴的基础上，持续不断地追求创新的轨迹。播音主持艺术的发展规律为其未来的创新提供了有益的指导，同时也为艺术领域中其他学科的发展提供了借鉴与启示。

二、作用于未来播音主持艺术发展的主要因素

21世纪，播音主持艺术的发展受到两大关键因素的影响，即外部条件的变化和内部要素的优化。外部条件涵盖了时代的前进、科技的迅速发展、信息社会的兴起、知识经济的涌现，以及文化、政治和经济等领域的深刻变革。这些变革不仅推动着播音主持艺术的持续发展，同时也为其创作提供了源源不断的素材。然而，这种发展和进步的实现还需依靠内部创作动力的支撑。在这一发展过程中，播音主持艺术在外部条件的驱动下逐渐与时代步调同频共振。科技的突飞猛进和信息社会的崛起，为播音主持艺术注入了创新的能量，让其能够更好地适应当今的多元化媒体环境。同时，知识经济的兴起为播音主持艺术的创作提供了更加广阔的视野，拓展了其在内容和风格上的可能性。这种外部条件的变化也不断催化着播音主持艺术内部要素的优化，激发其不断追求更高水平。

在广播电视等媒体传播领域，科技进步和经济改革推动引发了一系列深刻的变革，影响了传播工具的更新，以及传播条件、传播媒体和方式的改变。这带来了信息传播全球化、传播技术数字化、媒体管理产业化、媒介运作市场化、传输方式集团化、传播人员职业化、受众需求多元化，以及沟通方式交互化等一系列转变。这些变化不仅影响着播音主持艺术的创作条件、环境、工具、样式、观念等方面，还对未来播音主持艺术的创作趋势产生着深远影响。科技进步和经济改革的影响不仅使播音主持艺术不断适应了新的传播格局和需求，也为其创新提供了更加丰富的土壤。

三、播音主持艺术的发展趋向

研究播音主持艺术的发展趋向，需同时把握其基本矛盾的运动规律及由矛盾引发的基本特征，涵盖深刻理解内在矛盾，以及在此基础上全面多角度阐述其多样性表现。

21世纪的信息社会、知识经济、科技发展以及全球一体化等时代特征与中国特色社会主义现代化建设，以及广播电视事业的蓬勃发展，协同促进了播音主持艺术发展的整体趋势。深入研究这一领域需要进行科学的分析，不仅要对新世纪的发展进行展望，也要重视初级阶段的发展，同时平衡全面发展和逐步实施的关系。研究强调传播规律与宣传职能的统一，探讨播音员主持人既作为传媒人又承担党的宣传员的角色作用。这种综合考虑时代特征、中国特色、广播电视事业发展趋势以及传媒人双重身份的研究，有助于更好地理解和引导播音主持艺术的持续进步。

“传与受”构成了贯穿播音主持艺术发展的基本矛盾，它连接着昨天、今天和明天，成为贯彻创作过程始终的核心。洞察这一矛盾规律，即把握艺术生存和发展的本质所在。这个矛盾随着人类的产生而生，随着发展而深化，在现代社会，它依然潜藏于媒体的本质之中。尽管媒体经历变革，但“传与受”的存在并未被削弱，播音主持字面名称的演变也未能改变其基本性质。无论是播音员主持人、传媒人，还是传达者，关键在于把握“传与受”的本质特征。无论是广播、窄播，还是交互传播，这一基本性质始终如一，持续地发挥作用。随着现代化进程中传播技术、管理产业化以及运作市场化的普及，规范化在各个领域日益成为重要的需求。在广播电视等媒体行业，播音员主持人的职业化水平与规范化程度紧密相连。在未来的现代化、产业化和市场化环境中，高水平的规范化和职业化已然成为不可或缺的适应力、竞争力和生命力。

在媒体领域，这一发展趋势要求播音员主持人不仅要具备专业技能，还要遵循严格的规范要求。高度的职业道德、语言规范、评估体系等，都成为规范化的重要组成部分。这种规范化不仅仅是对个体的要求，更与社会、行业和受众的心理预期相契合。为实现高水平的规范化和职业化，我们需要建立完善的制度化管理体系。国家主管部门的法规法纪、考核认定、专业资格等都为规范化提供了支持。同时，跟踪管理和核查评估等手段也有助于确保规范化水平的持续提升。

在现今媒体传播的浪潮中，所有媒体的播音员主持人都拥有平等的起点。媒体的辐射范围不再受地理限制，而是可以辐射到全球范围。这意味着观众不再局限于特定地区，而是能够跨越国界接收信息。因此，不论是中央、省还是市电视台，抑或是大台和小台，不论是从事多媒体还是单媒体传播，在播音过程中都需要具备国家意识，以便更好地满足对内外宣传的素质要求。在这个全球性的传播环境下，播音员主持人的竞争压力不断增大，需要不断提升自己，以应对激烈的竞争。与此同时，播音员主持人还需要紧密关注时事动态，把握观众的需求，以创造出更具吸引力的节目内容。

21世纪不仅被视为信息的时代，更被赋予了美学的重要意义，准确传递信息的同时也要追求精品化。因此，播音员主持人的素质和水准将日益提升，将展现更强的适应力，所涉及的领域将更加广泛，个性也将更加鲜明。同时，播音主持艺术创作的理念将更加开放，创作态度将更富主动性，创作方法将更加多样，语言表达将更具多样性（读、播、报、讲、谈、说、诵等），副语言应用范围和领域进一步扩展，创作分类将更加精细。

另外，随着时间的推移，受众的素质逐渐提升，审美能力也在不断增强。传播方式日益多样化，不仅包括传统媒体平台，还延伸至网络等新兴媒介。这种多元性使得传播方式的分类变得更加精细，受众可以更方便地接收信息并进行反馈，呈现出更强的主动性和选择性。尽管传播方式在不断演变，但受众接收信息的规律依然延续着物理—生理—心理的运动过程。无论信息如何呈现，它们始终会通过物理感官的接触，引发生理反应，最终进入受众的心理领域，影响其认知和态度。在这个演变的过程中，民族审美心理保持着稳定。受众的文化背景和价值观在一定程度上决定了他们接收和理解信息的方式。虽然主动性增强，受众在信息传播中具有更大的选择权，但这并不会改变其在民族审美心理方面的根本偏好。

第三章

播音主持艺术形态的发展

第一节 广播技术条件下播音主持形态发展

一、无线电广播出现与播音形态萌芽

广播的诞生使人类传播真正从文字时代过渡到了电子时代。电波承载着人的声音实现了远距离信息传递，生动、鲜活的声音符号使大众传播达到前所未有的效果。“第一次世界大战”之后的美国、英国和十月革命后的苏联等先后创办了无线广播。根据已有资料的记载，20世纪20年代初，中国已经拥有了外国人建立的无线广播电台。因此，中国的广播事业始于无线广播的兴起。

（一）中国无线电技术的引进和广播的诞生

无线电技术的发展是无线广播产生的物质基础。1862年，英国物理学家麦克斯韦提出电磁波理论；1888年，德国物理学家赫兹通过实验证实了电磁波的存在，这为无线电通信技术的发明奠定了理论基础。1895年，俄国科学家波波夫和意大利科学家马可尼经过研究，分别初步制成了无线电接收机。之后在1899年，成功实施了一项从欧洲大陆穿越英吉利海峡的无线电报实验。1901年，无线电报首次跨越大西洋，从欧洲传播到了美洲，从此无线电通信技术被迅速广泛地应用在军事联络、商业信息的传递和新闻发布等方面，展现出很大的优越性。当时，无线电作为重要的通信工具加快了帝国主义国家对外扩张的步伐，无线电通信技术也是在这一时期被引入中国的。

历史资料记载，我国在清朝末年开始使用无线电报。吕文据中国第一历史档案馆馆藏直隶总督（北洋大臣）袁世凯于1906年就“北洋创设无线电报”的“筹备情形”向慈禧和光绪上呈的奏折所述，认为我国无线电技术之引进，始自北洋而非南洋或其他，时间为1905年，即光绪三十一年秋。当时，购置了无线电收发报机，并将它们分别安装在天津、北京、保定以及北洋海军的舰艇上，用来传递和沟通军事情报。

随着无线电技术在通信领域的广泛应用，欧美科学家开始尝试利用这项技术传送语言和音乐。1920年8月，上海的《东方杂志》发表了一篇题为《无线电传送音乐及新闻》的文章，首次向中国读者介绍了即将崭露头角的现代宣传工具，当时美国的无线广播仍处于试验阶段。这篇报道预言了无线广播在传播新闻和音乐方面的巨大优势：“晨间由中央无线电局（广播电台）将是日所得新闻，发出报告。则家家仅须开动受音机（收音机）即可亲聆新闻，且可于早餐时且食且听之。较诸披阅报章，便利多矣。”“晚间八时半，为人民音乐跳舞之时间。可由中央无线电局于此时自无线电传出音乐。则跳舞之家，但将收音机开动，音乐立时大作。跳舞者可以应声而舞，不必更雇音乐班矣。”1920年11月2日，美国匹兹堡的KDKA广播电台迈出了播音的第一步。这个站点被公认为是世界上最早的广播电台，因为它是第一个得到美国政府注册批准的广播电台，标志着广播历史的开创性时刻。不久，美国人便把无线电广播技术输入中国。

在中国共产党成立广播电台之前，中国的广播电台有外商办台、北洋政府办台、民办电台、国民党办台等不同形式。1923年1月，中国第一座无线广播电台由美国人奥斯邦在上海创办。第一座中国人自己经营的广播电台是1926年10月由刘瀚创办的哈尔滨无线广播电台，呼号“XOH”，“每天广播两小时，节目为钱粮行市以及新闻、音乐、演艺等”。1927年3月18日，第一座由国人自办的私营性质的商业广播电台——上海“新新公司广播电台”开始播音，发射功率50W，广播的主要内容是商业行情、时事新闻及中国音乐。该台完全由中国人自己设计、装配、安装及施工，并由国人自己独立经营，每天播音6小时，直到1941年11月因失火被焚而停办。民办电台一度繁荣发展，是在抗日战争爆发之前，大约有70多座，且半数以上集中在经济繁荣的上海。北洋政府时期，北京、天津等地试验广播收音，在奉系军阀支持下，中国早期的地方广播管理机构——东北无线电长途电话监督处积极筹备，开始推进建台事宜。1927年5月1日，由北洋政府办的我国第一座官办电台——交通部天津广播无线电台开播，呼号“COTN”，每天下午3:00到晚10:00播出7小时，主要内容为娱乐节目。到南京政府成立前，中国先后有外商、官办、民办各类广播电台十几座，发射范围和收听范围有限，没有全国性的中央台。国民党政权建立后，从1927年起，政府开始大力建设广播电台。1928年8月1日，国民党在南京创立了“中国国民党中央执行委员会广播无线电台”，简称国民党中央广播电台，呼号为“XKM”，每天仅有2小时的播音时段，内容涵盖了演讲和新闻节目。所有新闻稿都由中央通讯社提供，节目形式有新闻报道、广播演讲、文艺节目等。1932年，新广播大楼落成，该广播电台发射功率从500W扩大到75kW，呼号改为“XGOA”，并选择在孙中山的诞辰日11月12日正式开播，这当时是亚洲地区发射功率最大的广播电台。接着，国民党相继在杭州、北平、广州、上海等地建立了20多座广播电台，并规定全国各地的广播电台必须在晚间抄收并转播国民党中央广播电台的新闻节目。这一措施意味着国民党通过广播网络进一步加强了对信息传播的控制和影响，以扩大其政治影响。“这也许就是我国新闻联播这种节目形式的滥觞。”随着抗日战争的爆发，中国广播事业遭受了严重破坏。到1940年，中国共产党开始引导人民广播事业的建设，同时也催生了具有中国特色的播音主持创作活动。从那时起，中国广播业开始逐渐复苏，并迈向了全新的发展阶段。

（二）中国无线广播初创时期播音形态的萌芽

20世纪40年代，在艰苦的战争环境中，中国的传播技术条件相对落后。此前，中国共产党已有用无线电报发出的文字广播，但不曾有过语言广播。1940年，周恩来同志从苏联带回一部无线电广播机，延安无线电技术人员经过辛苦探索和反复试验，对它进行了改装。通信器材厂克服种种困难，制造了各种必需器材。比如，用燃烧木炭产生的煤气代替汽油，将破旧的汽车头拆修改装为提供动力的发动机，用木杆在山头上架设天线等。经过几个月奋战，1940年12月30日，延安新华广播电台开始播音，呼号为“XNCR”，发射功率300W。

1.延安时期的语言广播

延安时期是中央人民广播电台语言广播的发端，口头广播组在编制上隶属于新华社编辑科。延安新华广播电台开播时只有一套节目，用汉语普通话广播，每天播音2小时。播出的主要内容有：中共中央机关报刊社论、重要文章、全国军民抗日斗争消息、抗日根据地的建设情况以及其他国内外消息，山东、山西、四川、云南等地都能收到延安的广播。在解放战争期间，许多重要新闻都是经毛泽东等中央领导人审阅后才广播出去的。

延安时期口头广播组的编辑来自新华社，广播的主要对象是敌后根据地军民，兼顾国民党统治区和沦陷区的群众。但是受技术条件所限，播音效果很不稳定。1943年1月，时任新华社社长的秦邦宪同志在谈到新华社工作时通过询问各地，发现口头广播多不收，有时听不清、记不下，因此，决定暂停口头广播的形式。这一举措反映了必须对受众接收效果加以关注，才能更好地满足信息传递的需求。1943年春，发射机上的大型电子管故障，播音被迫停止。经过技术人员努力改进，延安新华广播电台于1945年9月5日正式恢复播音。

1946年6月，口头广播组扩大为语言广播部，编辑增加至7人。播音员从起初的1人增至3人，每天播音2小时，分中午和晚上两次播出。之后，从1946年9月5日起，晚上播音时间延长至1.5小时，有新闻、评论、通讯、故事、演讲、记录新闻等内容，在不同的战争背景下还会根据受众需求适时调整节目内容。

1946年，我党领导下的各解放区广播电台持续蓬勃发展，为解放战争的宣传工作注入了强大动力。截至1949年3月，各解放区的广播电台数量已扩展至24座，它们共同构筑了一个以延安为核心的解放区广播宣传网络，为革命的胜利提供了有力的声音支持。

2.播音创作的要求

在播音事业的萌芽时期，社会政治局面很不稳定，技术条件相对落后，播音创作活动产生的社会环境具有一定的特殊性。1946年，《新华社语言广播部暂行工作细则》中对语言广播部的要求是“宣传党的政策和主张，报道国内外的时局和动向，有计划与有系统地宣扬我党我军与解放区的事业和功绩，揭发国民党的腐败黑暗统治并宣传与鼓励其统治区广大人民的民主运动”。在新闻稿件直播中，播音员通常是接收编辑部送来的稿件，经过分析准备，再面对话筒播出。有时，同一篇稿件要由一人或多人反复播出。当时，由于电台播音间与编辑部相隔10公里路程，中间还隔着一条延河，通讯员天天骑马涉河送稿。遇到暴雨水涨，通讯员就用油布包好稿子，顶在头上，泅水过河，按时把稿件送到电台。碰到急稿，还要电话记录，马上直接播出。直接播出是指播音员一次性在录音间播出，同时将声音变成电信号发射传播。从播音环境到播音状态及播音创作要求，直播都具有一定的特殊性。在早期直播条件下，其对播音员快速识稿能力、广义备稿能力、话筒前语言播报的稳定性提出了较高的要求。

无线电广播初创时期的播音在艰苦条件下因陋就简、不断摸索，逐步形成相对稳定的表达样式。延安新华广播电台于1947年9月5日正式开播了《对蒋军广播》(后改名为《对国民党军广播》)，这是电台开播以来第一个对象性节目，对瓦解国民党军队的斗志发挥了积极作用。1947年9月11日，延安新华广播电台开办了《英语新闻》，将收听范围扩大至外国听众。1947年3月，延安新华广播电台正式更名为陕北新华广播电台；1949年3月，陕北新华广播电台迁往北平，随之正式更名为北平新华广播电台，自此担负起中央台的责任。随着许多大中城市相继解放，人民广播接管了原国民党广播设备，一批人民广播电台陆续兴建。截至1949年，全国共有49座功率很小的广播电台，广播发射功率加在一起只有138kW，大约有100万架收音机。中国共产党领导下的人民广播事业从开播第一天起，就把“党的喉舌”与“人民喉舌”的完美统一作为最高追求。延安新华广播电台创办后，不仅及时、准确地宣传了党的各项方针政策，而且注意密切联系群众，听取群众意见，把为群众服务、当好“人民喉舌”作为电台工作的基本方针。延安新华广播电台还曾向社会发布公开信，广泛征求各地群众意见，积极改进和丰富节目形式。

3.播音事业发展

在对以中央人民广播电台为中心的四级广播宣传网进行建设的同时，中共中央也对国民党统治时期的私营广播电台进行了改造。新中国成立前夕，中共中央出台的《对新解放城市的原广播电台及其人员的政策规定》中禁止私人经营广播电台。新中国成立后，北京、上海、天津等地纷纷对私营广播电台进行改造与革新。对私营广播电台的改造与革新，实现了所有广播电台一律归国家所有，整顿了略显混乱的广播电台，使国家的方针政策得以更好地宣传。1950年，随着人民解放战争的最后胜利，新中国已有49座人民广播电台。上海人民广播电台的技术人员经过艰苦奋斗，迅速改善了技术设备陈旧简陋的状况。从1950年开始，三年多的时间，虹桥路大型广播发射台建设完成，同时凯旋路、805、806等几座发射机房也成功建造。国民党上海广播电台留下的三部发射机，功率最大的一台也只有1kW，为此，技术人员先后自行设计制造了8kW和20kW广播发射机，为扩大广播覆盖面提供了技术支持。1952年9月，新的播控系统在北京东路2号大楼建成，于10月1日正式使用。这个播控系统共有大小不同播音室16个，是当时国内规模最大、电路比较先进的一个播出系统。技术装备条件的改善，为扩大宣传规模提供了物质基础。1952—1953年，包括华东台、上海台、联合台在内，共播出节目9套，最多时每天共计播出122小时44分，为上海和华东地区广大群众提供了丰富多彩的广播节目。

二、广播早期直播

（一）广播早期直播的主要样态

早期直播是指在广播播音产生初期，没有录音设备的技术条件下，必须由播音员拿着稿件面对话筒直接播音的广播方式。从广播产生到20世纪50年代后期，陆续成立的县、乡（镇）、大队（村）、小队（屯）和城镇的一些基层单位的广播站一直采用这种方式，这与近几十年兴起的新型直播样态截然不同。早期直播是我国人民广播和播音主持形态的发端。具体来说，早期直播主要包含以下几种播音主持样态。

1.播音间直播

（1）新闻直播

播音员在播音间直播新闻是早期播音的基本形式，它实现了用有声语言直接传递信息、宣传政策的目标。播音员接到稿件，经过准备，在话筒前创作同时播出，这就是早期播音工作的大致流程。1949年，中共中央机关迁至北平，陕北新华广播电台也随之迁往，设有早中晚三次新闻节目以及《对野战军记录新闻》和《记录新闻》节目。1950年4月10日，中央人民广播电台的新闻节目从全天4次增加到7次，有《首都报纸摘要》和《国际新闻》，每天播出3小时15分钟的《记录新闻》。1951年5月1日，中央人民广播电台《全国各地人民广播电台联播》节目开播。1954年5月30日，中央人民广播电台开始分两套节目播音，新闻节目增加到11次，其中《全国各地人民广播电台联播》和《新闻和报纸摘要》逐步成为在全国有广泛影响力的两个重点新闻节目。

在这一时期的广播播音创作活动中，信息本身在传播中占有重要地位，尤其是播音间口播新闻节目的内容，关乎国内外形势变化的最新信息，深受大众关注。早期播音员直播的新闻内容主要有战报、政治消息、生产情况、国际新闻等，还有党中央的指示及党报社论。

那时的播音由于电台没有录音设备，播音员对着话筒直接播出，隔壁有调配员监听，一旦出错便无法挽回，因而具有一次性的特点。为了准确传达党中央的精神，准确、清晰、鲜明地播报新闻稿件，从那时起，播音员便具有了高度强烈的责任感。这一时期，延安新华广播电台播出了许多党中央重要文件。1941年1月，徐瑞章和姚雯两位播音员播送了新华社通讯员当日骑马送来的广播稿《中国共产党中央革命军事委员会发言人对新华社记者的谈话》，这是毛主席亲自起草的谈话。当天晚上，徐瑞章播完一遍后，姚雯再播一遍。在整个广播过程中，她们几乎用尽了全身的力量，使每一个字音都深深烙在听众心里。播音结束时，两位姑娘在冬日寒冷的窑洞中竟然汗流浃背。肖岩的回忆文章中也提到，播音员每天晚上广播一个小时，八九千字，接到稿子后认真备稿，反复朗诵，新闻稿基本上能背下来。

战时的社会环境和直播的紧张感极大地激发了播音员的创作热情，他们要在有限时间内对稿件进行深入理解，并且在话筒前情绪饱满、准确到位地传递最新消息。齐越同志在《播音员日志》中记录了1948年9月24日的一次直播，“那是在常规节目播出即将结束时，编辑从电话当中得到济南前线的战报，迅速交到播音员手中播出，然后又陆续接到电话，继续播出济南解放的消息，在节目播送了晚安之后，总编辑临时决定加播‘号外’，而且当天的号外在激动兴奋的情绪中连续播送了七遍，这是早期直播史上的一次重要事件”。可见，早期广播直播中已经能够利用直播灵活性强的优势，对节目内容进行增减、插入等操作处理，第一时间将新闻传播出去。

（2）文艺节目直播

早期直播虽然以战报新闻为主，但为了丰富节目内容，展现解放区的生活风貌，播音员除了播放有限的几张唱片，还经常对着话筒表演文艺节目。播音员肖岩在回忆录中谈到，她曾在播音间唱过《黄河大合唱》《兄妹开荒》等歌曲，还组织过一些会讲普通话的同志演播郭沫若的话剧《屈原》和《棠棣之花》。但是由于电力不足，播出信号极不稳定，机器经常发生故障，他们常常在节目中向听众道歉，请他们过几分钟再继续收听。早期的播音员在话筒前充当演员创作文艺节目是常有之事，唱歌、唱戏、吹口琴……可谓吹拉弹唱，各尽所能。

延安新华广播电台曾于1945年10月6日和10月13日邀请延安鲁艺文工团面对话筒直接演播节目。据相关人员回忆，首次呈现的演播节目包括歌曲《东方红》《庆祝胜利》《有吃有穿》，以及秧歌剧《兄妹开荒》等；第二次演播了《民主进行曲》《胜利的消息到处传》《七枝花》等节目。别具一格、生动活泼的文艺节目通过电波传送到解放区和国民党统治区，让人民耳目一新、精神大振。这些都是早期文艺直播的内容。

此外，早期直播还包括广播演讲环节。由于当时无法录音，需要将演讲者直接请至播音室进行现场播讲，朱德、林伯渠、王震、廖承志等同志都曾进行过演讲。然而，因交通不便，邀请人前来演讲比较困难，因此这种方式并不常用。

2.现场实况广播

如果以播音的空间环境为依据分类，除了播音室直播，还有现场直播。早期现场直播主要是现场实况广播，即工作人员在现场随着事件的发生、发展同时制作和播出广播节目。1946年9月25日，延吉新华广播电台与吉林军区文工团共同组织200人演出《黄河大合唱》，电台对此进行了实况转播。同年11月，延吉新华广播电台又对万名群众公审大会进行了实况转播。1949年3月，中共中央副主席刘少奇在天津跃华中学讲话，天津新华广播电台进行了实况转播，这是我国人民电台第一次实况转播中央领导同志的长篇讲话。

我国人民广播史上首次大规模的现场实况广播是1949年10月1日的“中华人民共和国中央人民政府成立典礼”。当时的北京新华广播电台在天安门广场进行了实况广播，这一历史时刻也得到了全国各地人民广播电台的联合转播。齐越、丁一岚两位播音员站在天安门城楼西侧，使用老式碳粒式传声器进行现场播音解说。当时实况广播技术工作人员之一杨兆麟（后任中央人民广播电台台长）在《从延安到北平》一文中回忆道：“我们没有经验，现场实况只是报道了庆典的程序，并对一些重要场景做了简单描述。听众从收音机里听到了毛泽东和朱德同志的声音，听到了步兵部队整齐有力的步伐、骑兵部队疾风骤雨般的马蹄声和隆隆驶过的战车，听到了山呼海啸、震天动地的群众欢呼，我们以为这就是实况广播的作用。”第一次现场实况直播之后，广播工作者很快认识到问题所在，意识到应充分考虑广播现场的特点和规律，考虑受众依靠听觉接收信息的方式和心理。报道不能只是简明抽象地解说，应详尽描述现场的生动景象。经过调整，在此后的国庆报道的准备工作中，电台都要组织记者深入解放军各部队和参加游行的各单位采访并体验生活，以具体形象的语言编写广播稿，要求播音员的解说尽力引发观众的想象，以“如在目前，谛听忘倦，惟恐不得闻”的艺术表现力为目标，使听众如身临其境。这是人民广播从口播文字新闻向现场报道直播迈进的一大步。

我国广播史上第一次广播体育比赛实况是1951年5月由张之解说的北京篮球、排球比赛大会，张之也成为我国第一位体育比赛实况广播的解说员。此后，中央人民广播电台在1952年8月成功进行了中国与波兰男篮比赛实况广播。1956年，中央人民广播电台对中央新闻纪录电影制片厂拍摄的《春节大联欢》进行了直播。实况广播由于现场感强、气氛热闹，很受听众欢迎。

（二）广播早期直播的特征

我国广播的早期直播是人民广播事业和播音主持事业的开端，在特定历史背景和技术条件下表现出时代特色。播音间直播是指播音员在没有录音设备的情况下，根据稿件提供的内容或编排节目面对话筒进行直播；现场直播是指在大型活动中通过广播设备，把现场的实际情况、音响和播音员的解说同步广播出去，进行“实况广播”。

1. 实验性与示范性

随着无线电广播技术一同诞生的早期直播没有经验可依循，播音员开创性地在实践中对语言规范性、语言表达方式进行摸索尝试，不断试验改进，逐步总结了将文字信息转化成口头语言，将虚拟听众转化为真实交流对象的播音创作经验。这一时期的新闻口播形成了以文本为依据，以宣读宣讲为基本语态，准确鲜明地传达新闻信息的创作方式。在技术上，早期的电台信号时常不稳定，播音间使用的动圈话筒要求播音员播讲的音量尽量最大，这使得播音员更需要唇舌用力，大声宣讲甚至喊话。播音创作以文字信息为依据，以声音传播为手段，在虚拟交流环境下，直播播音活动二度创作的特性、创作时间的紧张性、感情表达的真实性等基本特征为后人总结播音创作规律提供了依据，同时对播音事业的发展起到了示范作用。

2. 一次性与精确性

早期直播包括播音室口播新闻、文艺节目和现场实况转播几种样态，播音员的创作素材通常是编辑好的稿件，需在话筒前完成准备稿件——行之于声——及于受众的创作。信息的制作和发送是点对点单线传递，流程相对简单，播音员口播具有一次性播出无法更改的特点。传播出去的声音转瞬即逝，无法复制，要想记录只能依靠脑力或文字，因而这一时期的记录新闻是重要的播音主持外部样态之一。同时，这也对早期编辑、播音员等各岗位的工作人员细致编辑、精确操作、准确播出提出了现实要求。另外，战时宣传的内容经常涉及战况战报、重要文档，也促使播音员具备高度的责任感，播音员必须准确鲜明、一字不差地传播文字稿件内容。无论是口播还是现场实况，广播设备以线性方式记录着播音和实况活动发生、发展的动态过程，编辑根据前期采访、研讨等写作稿件，在播出现场与播音员一起完成有稿播音。这时的广播实况是广播现场直播的初级尝试，发挥了直播的共时性优势，使更多听众实时了解了新闻现场。

3. 实时性与时效性

早期直播产生于以报纸、电报为主要媒介的传播时代，最大限度地保障了传播的时效性。广播直播时段成为具有一定开放性的信息传播时间，最近战况在“号外”中的传达是紧跟重要新闻事件的动态播出，“开国大典”的实时传送是播音员在现场同步报道新闻事件的最新发展，这些都是新闻事件在直播中得到及时、有效传播的有益实践。尽管通信技术还不够发达，常态直播中新闻信息的传输大多依靠人力和电话系统，但广播从编辑到播音的每一个环节都能争分夺秒地缩短时差，力争时效性。听众不仅能够及时、准确地获得信息，也对广播媒体更加信任。

早期直播是广播播音初期经历的一个阶段，后来的广播直播中逐渐引入录音、音响、现场报道、热线电话、短信平台、嘉宾等多重元素，在创作依据上增加了动态元素，播音员、主持人可以与听众交流互动，样态日益丰富。尤其是20世纪90年代，随着经济广播电台的兴起，电话系统和网络系统与广播信号处理和传递系统相结合，建立起了广播直播的新型模式，直播的状态、设备与功能都发生了重大变化。早期直播在技术条件有限的情况下激发了广播工作者的主观能动性，具有及时性、贴近性、感染力和号召力，不仅创造性地完成了时代赋予的传播任务，更为今天的广播工作奠定了坚实的基础。

三、录音广播

（一）录音广播的主要样态

20世纪30年代，随着录音机的制造和使用，录音广播节目出现。新中国成立初期，各广播电台播控中心主要有播音室、传声器、电唱机、放大器等简单设备，少数电台有钢丝录音机或蜡盘录音机，只用来录制和播出少量文艺节目和特殊节目，如1949年10月1日“开国大典”的实况转播中就使用钢丝录音机进行了录音。录音广播是随着录音机的应用而产生的一种广播播音主持形态，包含以下样态。

1.录音间广播

（1）录音新闻

早期的录音节目主要播放重要讲话和会议的实况录音。从1949年6月20日开始，北平新华广播电台在每天19:50准时推出的《演讲节目》中，陆续播放了毛泽东、朱德、周恩来等领导人，以及李济深等各民主党派负责人在新政治协商会议筹备会上的讲话录音，各地电台同时进行了联播，这一时段成为人们接收政治信息的重要时刻。同年9月21日，北平新华广播电台又以实况录音的形式，向全国播放了毛泽东在中国人民政治协商会议开幕式上的开幕词，让人们身临其境地感受到了重要历史时刻的氛围和情感。在全国政协开会期间，北平新华广播电台陆续播送了会议通过的《中国人民政治协商会议共同纲领》和毛泽东当选中央人民政府主席等实况录音。这是人民领袖的声音第一次通过人民广播电台传遍全中国，也是人民广播电台第一次应用实况录音的播出形式。

1965年以后，中央人民广播电台基本实现了全面录播。但播控中心的直播室仍然保留，以便播出时效性强的新闻。同一时期，各地方电台也先后采用磁带录音技术，基本实现了全面录音播出。

播音间录音设备的应用和升级有一个过程，并不意味着有了录播，播音员就可以随便出错，随意更改。原中央人民广播电台一位老播音员孟繁荣回忆，当时用的录音机是苏联生产的M-15型，计时要靠人工卡表，操作程序烦琐。如果播音员播错需要修改，一般要经过停机、卡表、倒带等十个程序，所以，播音员播音时会尽量避免出错，因为修改非常耗时。当时，录音员愿意同夏青那样很少出错的播音员合作。播音员从早期直播延续下来的一字不错的优良传统一直保持着，成为一种职业素养。在播音方式上，随着录音设备的使用，节目形式日渐丰富，播音主持外部样态也从消息播报、广播评论、广播通讯、广播谈话扩展到现场报道、深度报道。录音通讯很受欢迎，常常出现在专题或新闻节目中。新闻评论和现场报道也在广播中有所突破。中央人民广播电台的《新闻和报纸摘要》和创建于1951年的《全国新闻联播》是两大新闻节目，内容主要是广播时政新闻，即党和国家领导人的重要活动。1979年4月26日，《全国新闻联播》播出了第一篇署名“本台评论员”郭平的文章《改善中越关系的根本办法》；1979年10月1日，《新闻和报纸摘要》节目成功播出了记者采制的新中国成立30周年联欢晚会的现场报道。

（2）录音文艺

录音设备的应用为综合性文艺节目的制作提供了物质条件，促进了文艺节目的发展。1954年，在中央广播事业局副局长温济泽的带领下，中国广播工作者参观了苏联代表团的第一次大型访问。之后，大家努力积极借鉴了苏联的广播经验，特别是对综合性节目《广播杂志》和配乐广播产生了浓厚兴趣。这一举动在很大程度上推动了中央人民广播电台文艺广播的发展。广播团队广泛采录了丰富多样的民族、民间音乐以及戏曲演出，还成立了广播民族乐团和广播说唱团等表演团体。这一系列举措不仅为节目内容注入了新鲜活力，也很好地增加了广播节目的欣赏性、知识性和娱乐性。广播剧也在这一时期有了较大发展，它通过鲜明、生动、简练且富有表现力的语言、音乐、音效等要素塑造形象、揭示主题。有人称它是“听得着，看不见”的“空中戏剧”，也有人说“是为耳朵写出来的戏”。这种诞生于英国的创作体裁，在我国得到了长足发展。1982年4月，北京举行了第一次全国性的广播剧评奖活动——全国优秀广播剧评选会议。之后，儿童广播剧评奖会、戏曲广播评奖会陆续召开。1981—1984年，全国广播电台制作和播出的广播剧达2161部。这一时期，文艺节目从内容到形式都有了很大改变。

2. 录音报道

广播在早期实况录音的基础上加入记者的口头报道，形成了录音报道这种体裁。1957年3月，左荧同志在北京举行的录音报道业务员学习会上的发言中谈道："现场报道就是以现场的录音素材和记者的口头报道（或播音员的播读）为手段，来及时真实再现现实生活的一种新闻广播报道形式。"这是第一次对录音报道概念进行的明确阐述。总体来说，录音报道是由记者语言和录音素材相结合所构成的一种新闻广播报道形式。在此，我们将录音报道从播音内容上划分为新闻、通讯、评论、文艺作品；从播音方式上划分为播报、评论、谈话、演播等。

（1）录音报道的发展

录音报道的创作源于20世纪50年代。上海人民广播电台于1950年4月2日播出了第一个录音报道《我们的一天——上海台生活片段》，由苗力沉撰稿并制作。这是我国人民广播电台早期播出的录音报道作品之一。随后，1950年5月3日，吉林人民广播电台得知海南岛解放后，立即出动宣传卡车，携带新添置的第一台钢丝录音机，到各工厂和市内主要街道采访，当晚在新闻节目里播出。由于录音设备不齐全，不能复制合成，在播放现场录音的同时，播音员在播音室里需直接插播记者的言语，录音报道播出过程烦琐而艰苦。1951年，中央人民广播电台部分使用磁带录音机，到1955年，文艺节目全部采用录音播出，有价值的唱片也全部转录在磁带上，电唱机被播音室淘汰。1953年3月，中央人民广播电台先后派出记者高尔公、陈道宗、胡懋德和播音员俞炜等人随中国人民志愿军到朝鲜战场采访。他们通过战地录音报道，把"最可爱的人"的信息传递给祖国人民，采制了一批反映中国人民志愿军抗美援朝、保家卫国战斗生活的录音报道。同年12月，中央人民广播电台又派杨兆麟、赵斯金和播音员齐越等随第三批赴朝慰问团去朝鲜采访。他们采录录音报道，在朝鲜制作节目，送回国内播出。1953年末，鞍钢新兴的大型轧钢厂、无缝钢管厂，以及经过改进的7号炼铁炉顺利竣工，并开始投入运营。中央人民广播电台的记者团队包括郑佳、高尔公、陈寰等前往现场，开展了一系列的录音报道制作工作。这些报道不仅为广播传媒增添了新的音频素材，还为听众呈现了真实的声音体验。这些都是我国早期录音报道的珍贵作品。

我国广播事业初期的技术和经验很多来自苏联。1954年7月6日—9月5日，我国第一个大型代表团一行18人访问苏联，学习苏联广播经验，中央广播事业局副局长温济泽担任团长。这一次交流，代表团带回许多办节目的经验。1954年，我国开始用磁带录音机做录音报道。过去苏联的M-8型录音机和T-10型录音机需要使用交流电，而且自重都有几十斤，外出携带采访非常不便。中央人民广播电台高级记者李宜回忆："那时候，我们没有高级的轻便录音机，只有几十斤重的苏式8型机。记得学习苏联广播经验后，我采制的第一个录音报道是《萍乡煤矿在前进》。在萍乡煤矿采访时，我和录音员一起抬着几十斤重的录音机深入井下，有的坑道很窄、很低，进坑道是我们抬着录音机跪着爬行。"20世纪50年代后期，我国有了所谓的便携式录音机，重量也在几公斤左右，而且有一部分还是靠发条驱动的。国产和进口的手摇上发条的录音机，以及荷兰飞利浦公司盒式用干电池的录音机，虽然声音指标不算好，重量不轻，使用时还得上发条、换电池，但不需要使用交流电，还是很受记者欢迎的，记者们背着它到农村、工地采访方便了很多。采制录音报道的装备有了改善后，录音报道的品种也越来越多。李宜回忆："1956年7月，中央台从日本进口了一批手提式录音机，这种录音机的外形像医务人员背的大药箱。尽管它仍然有十来斤重，机械部分是靠发条发动的，我们却觉得它是个宝贝。我曾经背着它在三门峡工地录下来地质工作者……我边采访边录音边上发条，忙得满头大汗，采制了录音报道《野外的家》。”

1962年6月，梅益同志在谈到改进新闻节目时指出：“录音报道少，器材困难，这是一个情况，但也没有做大的努力。”随着国民经济的好转和广播事业的发展，记者的录音装备得到很大改善。笨重的交流录音机被淘汰，国产红旗背包式录音机、L-601型录音机和为数不多的日本、荷兰产盒式带录音机成为记者做录音报道的得力工具。技术条件的进步和新闻传播的需要，推动了录音报道的发展，一大批优秀的录音报道作品涌现出来。在1963年全国优秀节目欣赏会上，《全国人民支援古巴》《新港的春天》《江南水乡试新船》等录音报道推出。经过广播工作者多年实践，编辑、记者、播音员都能提高相应技艺，更好地驾驭这一题材。例如，上海人民广播电台高级记者蒋孙万采写的录音特写《人民广场的故事》，语言细腻，配合交响乐，提升了报道的艺术性。

改革开放后，随着电子科学技术的发展，录音机质量有了很大提升。钢丝录音机、交流电录音机、手摇发条录音机和干电池录音机都被淘汰，取而代之的是精巧方便、高保真的录音机，记者可以携带它在任何时间到达任意现场。现代通信手段的发展，为报道提供了良好的传输条件，让听众几乎可以同时听到记者从各个现场采制的录音报道。

（2）录音报道方式的进步

广播录音报道和现场报道的基本工具都是录音机，报道方式与录音机技术同步改进。新中国成立初期，录音机很少，只有一些钢丝录音机，使用和携带都不方便，因而录音报道在广播播出的比例很小。这一时期的录音报道时效性不强，篇幅较长，手法简单，基本以“文字+解说”为主，再加上“音响”或“讲话录音”。录音报道中的记者语言、采访语言、播音室播音员的语言基本都是事先写好文稿、审定后播读的，解说和对话具有强烈的念稿痕迹。但这种形式改变了广播新闻稿件全部由播音员口播的单一形式。

20世纪50年代初，录音机刚刚兴起，需要使用交流电，非常笨重，给记者外出采访带来很大不便。几个人“抬着录音机去采访”或者是“边录音边上发条采访”，都是这一时期采制录音报道的广播记者的工作常态。在录音技术比较落后的条件下，录音报道采访制作的时效性不断增强，不过记者访谈和报道的语态还是照本宣科，工作流程也是先由记者写出文字稿件再由播音员播读，然后与录音素材混合编辑。记者的现场录音报道大多出现在体育节目报道中。

20世纪60年代，小型轻便录音机逐渐发展，广播记者在采访中使用其录制方便了许多，采访和制作的水平又有了提高。很多节目突破了解说加讲话的格局，虽然时效性不强，在形式上仍然是记者写成文稿由播音员播读，但是记者语言与录音素材的协调性和节目表现手法的艺术性等都有了较大提升。

20世纪80年代以后，录音报道的数量和质量明显提高，轻巧、方便、高质量的小型录音机逐渐普及，记者外出一般都能够配备。装备的进步、操作的简便使新闻录音报道的时效性和现场感都有所提升，而且报道的题材日益丰富，思想性和艺术性不断增强，出现了一批短小精悍的报道作品。比如，中央人民广播电台采制的现场报道《朱建华再次打破男子跳高世界纪录》，在2分30秒的报道里语言和录音素材都很富有感染力；上海人民广播电台的现场报道《上海市进行一次大规模的控制爆破》，全长3分40秒，内容干净利落、紧扣人心。录音报道由音响加解说的形式向记者在新闻现场直接观察、报道、录音的现场录音报道的形式发展，在后期制作上还出现了“无剪辑”的报道，这也是采制方法、表现形式上的一大突破。在录音报道走向自然简练、不拘一格，录音素材成为主体的方向发展的同时，深度报道、系列录音报道和连续录音报道等形式出现。这些录音报道独立成章、连续成篇，增加了录音报道反映新闻事件的深度和广度。中央人民广播电台的十集长篇录音报道《重唱创业歌》，山东台的多集系列报道《新一代的概貌——闫立斌》就是这一方面的范例。

此时，广播的播出工作完全依靠手动，所有的节目源（包括录播节目、直播节目和外送的实况转播节目）都会编排好时间顺序，由专门的操作人员按时间切换到节目的输出端。在实况转播的同时，有时还要录音。剧场演出实况多半改为先录音，经加工编辑后选择适当时间播出。电台多配有专用录音车以便完成日益增多的实况录音任务。

（二）录音广播的特征

1. 周期性与完整性

录音广播节目的制作过程具有周期性。一方面，信息资讯的传播需要经过记者写稿、编辑编稿、领导审稿、播音员备稿、播音制作等若干环节；另一方面，录播广播中，播音员、主持人的有声语言可以修改重录，也可以与其他声音素材编辑合成再变成电信号传播出去。此外，录音节目的播音创作也有一定的周期，从拿到稿件、准备稿件、录制稿件到编辑制作、反复修改，相对于直播增加了节目修改的空间，但降低了时效性，因而多应用于时效性较弱的节目。随着录音技术的发展，广播节目的制作效率逐渐提升、效果逐渐增强。磁带录音技术的采用，开辟了广播节目制作、储存和交换的新天地。磁带录音不仅具有质量高、成本低、能随时消抹改录的优点，人们还可以利用它对广播节目进行剪辑加工，复制保留，随时重播。这为以节目概念为单位进行制作提供了必要保障，增强了内容的完整性。

2. 丰富性与可感性

录音广播出现以后，作品逐渐融入人物谈话、音乐、现场声等多种声音元素。新闻类节目除了消息，陆续有了评论、专题、访谈，文艺节目还有广播剧、小说等，稿件文体和节目类型日益丰富。播音员的语体形成了播报、评论、谈话、文艺演播等多种样态。现场录音的引入使得这一时期广播节目的丰富性和可感性大大增强。

3. 艺术性与传承性

相对于早期直播，录音广播具有较为充分的创作时间，录制过程可以反复，为播音作品的修改和完善提供了前提。有时，一部优秀播音作品的诞生，需要在话筒前反复锤炼。录音编辑也拓展了不同体裁的新闻作品和文艺作品的表达样式，如录音新闻、录音剪辑、广播剧、小说演播等，这使得在录音条件下进行的播音创作日益丰富，大大提升了录音作品的艺术性。很多作品经过磁带记录得以保留，可以反复播放，供后人学习借鉴，这弥补了早期直播时一次性播出，许多重要历史时刻的播音都无法重现的遗憾。

四、广播新型直播

（一）技术发展

1. 有线广播

我国是一个拥有大量农村人口的农业大国，农村有线广播是我国广播事业建设的重要组成部分。20世纪60年代，我国的有线广播建设取得快速发展。1966年，全国有县级广播站2181座，放大站和公社广播站8435座，广播喇叭1100多万只，均达到了农村广播网历史上的最高水平。77%的人民公社、54%的生产大队和26%的生产队均普及了有线广播。1969年，财政部和中央广播事业局联合发布了《关于农村广播网经费开支问题的通知》，其中规定县（市）广播站的日常运营经费由国家预算负担，而公社广播站的日常运营经费则由地方预算承担。这一规定对有线广播事业产生了深远的影响。

20世纪70年代，国家在制定国民经济计划的同时，还将出版毛主席著作、优化报纸和广播的表现列为重点工作内容。这个举措进一步掀起了广播业的热潮。截至1973年，全国有95%的生产大队和91.4%的生产队接入了广播，61.5%的农户配备了广播喇叭，全国范围内的有线广播网络基本实现了普及。这一广泛的推进举措，极大地促进了广播事业的普及和发展。截至1976年底，全国已建成县有线广播站2503座，安装有线喇叭11301万只，有线广播网路建设的质量大有提高。[①]

20世纪80年代初，我国已经形成以县广播台（站）为中心，以乡（镇）广播站为基础，连接千村万户的农村有线广播网。

2. 无线广播

随着有线广播的快速蓬勃发展，无线广播在技术和建设方面也取得了显著突破。在这一阶段，半导体收音机的生产数量成倍增加，价格大幅下降（1974年，半导体收音机的生产量和销售量相较于1965年增加了超过千倍，售价下降了60%）。这种发展势头有助于广播在偏远地区迅速普及，进一步推动了无线广播的普及。

无线广播的进步还表现在传输手段和传送方式上。1969—1972年，中央广播事业局会同地方广播局分别在华北、华东等地区进行了中波同步广播的试验，还提出了精密同步的方法。1973年，在天津召开的全国广播事

① 谢科，许天.广播现场直播新型传输方式的应用［J］.广播与电视技术，2015，42（11）：63-67.

业规划座谈会上，“中波广播采取大、中、小功率相结合，以中、小功率为主，地波覆盖，同步广播”的新技术政策被提出，从此停止了大功率中波发射机的发展。

1968年8月，在济南召开的调频广播试验鉴定会肯定了无线广播发展的各项成果。中央广播事业局决定，建设三条调频节目传送线路，从北京通往安徽省黄山、黑龙江省大青山、陕西省秦岭。这三条调频线路于20世纪70年代初先后建成。由于它们实际上并不是按照节目传送的技术要求，而是按照调频广播覆盖网的要求设计的，因此，在沿线各台接力传送广播节目的同时，华北、东北、西北的广大地区也得到覆盖，从而奠定了中国调频广播网的基础。

3.立体声广播

最初的无线广播有中波和短波两种方式，它们用调幅载送声音，在技术上比较容易实现。自20世纪60年代开始，随着米波调频技术的进步，立体声广播兴起。立体声广播是在单声道调频广播的基础上逐渐发展起来的，其按声音在空间的分布位置，利用人的双耳效应分成左、右两个声道，分别录制，然后通过一定的办法合成后调制到高频电磁波上发送出去；接收端再将两个声道的声音还原，从收音机左右两个声道的喇叭中播放声音，从而具有方位、层次分明的立体感，使听众在听觉上有较强的现场感。20世纪50年代末，立体声广播系统由美国工程师赖纳德·康发明。1960年，加拿大蒙特利尔广播站在全球第一个运用这一系统进行调频立体声广播。1979年，一些电台相继开办了调频立体声广播，用双声道磁带录音机录制双声道立体声节目。

1979年9月26日，我国第一部立体声调制器在黑龙江省研制成功。一个月后，借助这项技术，黑龙江人民广播电台成功推出了立体声广播节目。1980年12月，广东人民广播电台建立了立体声广播电台，播音时间较长，节目较丰富，收听率也较高。1982年10月1日，中央人民广播电台第三套节目采用了立体声播出，并于1984年通过微波线路传送到东北三省。随后，全国各地的广播电台纷纷效仿，包括上海、天津、辽宁、武汉、无锡等地的广播电台，纷纷开设了立体声广播节目。这种趋势加速了立体声广播的普及和推广，为听众带来了更优质的收听体验。

随着立体声广播的引入，广播传输的声音质量得以大幅提升，这对播音员的用声和语态也形成了潜移默化的影响。从大音量、高嗓门、宣讲式语态慢慢降调，逐渐向亲切的谈话式语态转换。1981年元旦，中央人民广播电台对中国台湾广播的《空中之友》节目开播，主持人徐曼以“近距离、小音量、入话筒”的方式和听众交流，就像朋友之间促膝谈心。《空中之友》开创了中国国内广播节目采用主持人形式的先河，标志着广播中新的节目样式——主持人节目的出现。1981年4月，节目主持人李一萍、李东在广东人民广播电台《大众信箱》节目中和听众见面。之后，四川、江苏、浙江、黑龙江等省级电台和一些市级电台也相继开办主持人节目。

立体声广播的出现大大提升了文艺节目的传播质量。文艺广播经历了口播—唱片—钢丝录音—电磁胶带等阶段，从初级到高级，从简单到复杂，从单声道广播逐步向立体声调频广播过渡。

4. 卫星广播

1963年7月，美国成功地将全球首颗同步通信卫星“同步2号”送入太空。从那以后，卫星通信技术迅速发展。随着空间技术的进步及卫星用大功率行波管的试制成功，到了20世纪70年代中期，各国开始发射实验用的广播卫星。1974年5月，美国发射了“应用技术卫星-6号”。1976年1月，加拿大与美国发射了“通信技术卫星”。同年10月，苏联发射了“荧光屏”广播卫星。1978年4月，日本发射了名为“实验广播”的卫星。到20世纪80年代，卫星广播逐渐迈向了实际运用的阶段。1985年底，在赤道同步轨道上工作的专用广播卫星，有日本12吉赫频段的“广播卫星-2a”“广播卫星-2b”，为个体接收；苏联700兆赫频段的“荧光屏”广播卫星，服务于苏联西伯利亚等地区，为集体接收。

我国于1984年4月8日成功发射了第一颗试验通信卫星，它于当月16日零点准确定位于东经125度赤道上空，于20日起开始进行15路广播和1路彩色电视的传输试验。1987年12月，黑河913台建立了黑龙江省第一个广播地面卫星接收站，直接收转中央人民广播电台的节目。

1984年10月1日，中央人民广播电台在转播庆祝中华人民共和国成立三十五周年阅兵式和群众游行以及国庆焰火联欢晚会实况时，用了30多个传声器，检阅车和采访记者还配备了无线传声设备，各路信号须经过几个分调音台再传送到主调音台。多种播控技术的综合使用，令这次实况转播的内容非常丰富、生动。

1985年起，我国开始租用国际通信卫星传送广播电视节目。1993年，我国更进一步开辟了11条电视卫星通道，既包括12套电视节目，又包含30套广播节目。这一举措大大提升了卫星地面站的数量和传送质量。当时的首要目标是实现中央电视台通过卫星传送，以扩大全国的覆盖范围。而在同一时期，各省级电视台也肩负起向本省观众提供广播电视节目的重要责任。通过租用国际通信卫星，我国在广播电视传输领域迅速取得显著进展，不仅拓展了中央电视台的覆盖范围，使其可以更广泛地辐射到全国各地，也让省级电视台能够更好地满足当地观众的需求。当时由于一些地方地形复杂，覆盖有困难，因此也开始通过卫星传送节目，有效地提高了本省范围内的覆盖率。地方电视台陆续上星，打破了广播电视传播的地域限制。同时，20世纪90年代，行政区域性有线电视以空前迅猛的速度发展起来，卫星电视节目通过有线电视的传播迅速扩大了覆盖面，越来越多的省级电视台开播卫视频道，面向全国播出。1992年10月，中央电视台第四套节目作为中国第一个国际卫星电视频道，将覆盖范围扩展至80多个国家和地区；1996年，中央电视台全部节目已能通过卫星传播覆盖全国；1999年，全国已有约30个省级电视台采用卫星传送节目。上星频道越来越多，打破了中央电视台一家面向全国播出的局面，使国内电视节目的竞争态势日趋激烈，各台都努力制作观众喜爱的节目，以获得更高的收视率。当然，各地方台节目质量、创作水平参差不齐，湖南台、江苏台、浙江台逐渐发展成为地方台中的佼佼者。

随着卫星传播技术的不断进步，信息传播的覆盖范围得到了广泛扩大，信息传递的速度也得到了显著提升，广播文字稿件的编辑传送更加快捷。20世纪60年代以前，各种录音报道的素材都要通过邮局寄回电台，然后加以编辑制作。自从1974年微波干线开通以后，中央人民广播电台在各省、自治区、直辖市的记者站逐步开始利用微波线路把录音报道的素材传回北京。20世纪80年代初，各省、自治区、直辖市加速发展广播电视节目传送专用微波线路，不少省级广播电台驻各地区、各省辖市的记者站也可以通过微波把录音报道的素材传回省会。中央人民广播电台、中国国际广播电台记者在国外采访的录音报道、现场报道都是通过国际通信卫星传回国内的。随着卫星、微波等先进通信手段的应用，新闻报道的时效性大大增强。

5.数字广播

在数字广播产生之前，广播采用的模拟技术是以连续波形传送的。在移动接收的同时，频率和时间的选择性会使信号衰减，从而影响接收质量。而数字和压缩技术将所有的模拟信号都转化为比特，为在普通媒体中传送各种信号铺平了道路。数字音频广播（Digital Audio Broadcasting，简称DAB）以数字技术为手段，可移动传送高质量的声音节目和数据业务，这标志着20世纪90年代的广播技术形态迈向了又一个重要里程碑。

1995年9月27日，英国广播公司（BBC）迈出了DAB广播的第一步。

紧接着，瑞典、丹麦、法国、德国、荷兰等欧洲国家也相继推进，正式开启了DAB广播的时代。

1996年12月15日，中国数字音频广播在佛山试播，佛山电视塔传送了中央、广东、广州、深圳、佛山等台的六套数字音频节目。DAB技术不仅限于声音传递，还具备传播广播电文、静态图像、计算机程序等多种功能，甚至能够传送电视节目至移动电视接收器。当前，数字音频广播已推出可接收设备，这些数字收音机不仅支持多频道和单频道广播，更能通过直观菜单选择所有频道，同时提供媲美CD音质的音效体验。

数字广播最大的优势是抗干扰能力强，输出的声音纯净，便于移动收听，这大大提升了声音传播质量。另外，地面广播和卫星广播统一技术，便于广播信息的全球化传播。美国世界卫星广播公司推出了“亚洲之星”、“非洲之星”和“美洲之星”三颗同步通信卫星，将全球范围内的数字音频广播直接传送到各地。对广播电台而言，数字广播的窄频带特性意味着可以增加可利用的频率数量，进而支持传送数据等新兴业务。这一举措不仅在视听方面达到了声画并茂的效果，同时也在图文传达方面取得了突破。

6. 网络广播

网络广播是延续有线广播和无线广播的全新广播模式，利用互联网传输广播音频信号，包括广播网络化和网络化广播。

广播网络化是传统广播在网络平台上的延伸，通过将传统电台的节目放置在网络上播放而实现。这一概念首次在1995年由美国西雅图的“进步网络”引入Real Audio System试用软件时得以体现。当时首次提供了“随选音效”服务，标志着网络广播崭新时代的到来。此后，世界上主要的国际广播公司及各大机构纷纷与网络结合，建立在线新闻网站，以便进行音频广播，从而实现了多语言新闻广播，使信息传递变得更加全球化和多元化。这种创新形式不仅丰富了广播的传播方式，也深刻影响了媒体与听众之间的互动方式。BBC创建了在线新闻网站，美国之音（VOA）则在网络上以23种语言进行音频广播，同时法国国际广播电台也通过网络以5种语言进行新闻广播。这一系列举措凸显了国际广播公司融合网络平台，为全球范围内的听众提供多元化音频内容的积极性。1997年3月18日，上海东方广播电台在《梦晓时间》节目中首次推出了名为《东广信息网》的板块，并与"瀛海微时空"展开合作，为我国网络广播铺平了道路。这一举措开创了网络化广播的先河。1998年2月28日，北京经济电台的节目《动心9时》率先开启了网络直播。随后，中央人民广播电台、中国国际广播电台以及珠江经济广播电台等，也相继推出了网络广播节目。虽然网络广播节目形式与传统形式在内容上变化不大，但播放方式逐渐从录播、直播发展到点播。这一系列举措凸显了广播业的数字化趋势，以及为听众提供更多样化选择的努力。

广播网络化是网络广播发展的前期，随着互联网的普及和网络功能的强大，网络广播使受众的参与性增强。广播将在互联网时代改变单靠音频传播的模式，实现视频、音频的多媒体传播。

广播技术领域的综合进步，涵盖了广播网、数字化、卫星、互联网等多方面，为新型直播的诞生奠定了实质基础。

（二）广播新型直播的主要样态

随着卫星技术、通信技术的发展，社会政治环境的变化，人们生活节奏的加快和生活水平的提高，大众对于新闻时效性和信息量的需求与日俱增。在这样的背景下，广播再次回到直播。1986年12月15日开播的珠江经济广播电台首开先河，以大版块节目为基本形式。节目两三个小时为一节，主持人直播串联节目。这一改变使广播改革进入全新阶段，全国相继成立了70多家经济广播电台，至少上百家的人民广播台都推出直播版块节目，自此广播节目形成新格局。各地电台继陆续开办经济台之后，又兴起开办音乐台、交通台等的风潮，并且大都采用直播大版块的节目形态。有的台全天节目都由大版块组成，有的在全天节目中开辟一个、两个或几个版块。“新型直播”与前文论述的“早期直播”不同。在设备上，从过去简单的播音间转变为现代新型直播工作站，具备调音台、多路输入和输出端口、调制解调器、切换节目的调度台、音响和音乐播放器、主持人话筒、嘉宾话筒、主持人工作电脑、听众电话、网络等。具体来说，广播新型直播主要包含以下几种样态。

1. 直播报道

电子传播技术的飞速发展，为广播“回归直播”提供了技术保障。新闻节目直播直击现场、实时跟进，是人民群众了解新闻事件真相的快捷渠道；体育节目直播紧跟赛事，各类型体育赛事以及综合性体育盛会的现场解说、评论扣人心弦，吸引着大量受众……进入20世纪90年代以后，直播节目的增多大大提升了各类型广播电视节目的时效性，这在新闻节目中效果更加明显。广播播发“刚刚收到的消息”逐步成为常态，这也满足了大众对新闻信息量和时效性的需求。珠江经济台逢整点播出资讯，逢半点播出新闻，每天各19次，这在当时以录播为主、缺少必要反馈的传统模式下，开启了以直播串联报道为主、鼓励听众参与的全新交流模式。1988年，中央人民广播电台在第一套节目设置整点新闻，及时跟踪报道最新发生的事件。“1994年，中央人民广播电台充实完善整点新闻滚动播出机制，日播出由20世纪80年代中期的16次增加到21次，到1998年，综合性新闻节目增加到24次，此外设有信息节目12次。”节目直播中，来稿经过快速编辑审核就送到直播间播出，大大缩短了播出的时间周期。当日新闻量剧增，提升了新闻传播的时效性。地方广播电台大多开办了整点新闻，随时播出最新消息，许多电台也增加了直播节目。在开办整点新闻、提高新闻时效的同时，许多电台还增加了新闻评论性节目。

广播新闻直播在消息播报的同时也逐渐向深度报道发展。1994年10月1日，中央人民广播电台推出了新闻评论性节目《新闻纵横》，对重要新闻事件和社会热点问题进行深度拓展和延伸报道。其中的《今日观察》主题栏目就是以报道和评论的方式对新闻事件展开讨论。2004年1月1日，中央人民广播电台新闻综合频率以“中国之声”的呼号全新登场，其节目分8大版块，由频率总主持人和栏目分主持人合作，全程直播。2007年12月24日起，中央人民广播电台的“中国之声”频率实现了全天不间断的播出，成为全国唯一24小时覆盖的广播频率。在这一基础上，2008年11月1日，中央人民广播电台的王牌节目《新闻和报纸摘要》从之前的录播模式成功转变为直播模式。这一转变不仅大幅提升了新闻报道的时效性，还在媒体领域取得了突破性进展。这种同步直播的方式有效地将新闻事件传递给听众，使其更快地了解世界发展动态，不仅体现了广播的创新和进步，也为人们提供了更加便捷和及时的信息获取途径。例如，2008年11月20日上午6点半，针对杭州地铁施工现场塌陷事故，节目通过记者现场连线的方式进行了同步直播。在这次直播中，前方的记者详细介绍了事故抢险现场的最新情况。这次实践标志着《新闻和报纸摘要》节目在采用直播形式后首次尝试将新闻事件实时传递给听众，实现了重要的突破。

在广播新型直播形态中，播音员、主持人的功能由“专业”向“复合”拓展。早期直播时期，信息传播速度相对较慢，编辑编写并由领导审核通过的稿件几乎是播音员能够掌握的唯一信息，播音员需要集中精力考虑如何在话筒前把稿件内容传递清晰，一字不差，属于有稿播音。直播时的各种突发情况难以预料，播音员、主持人必须具备较高的政治素养、新闻素养和心理调控能力，并且要在平时加强广义备稿练习，培养快速反应能力和较好的语言播报及组织能力，为直播做好充分准备，以在直播时随机应变，时刻准备应对突发状况。

新型直播中，主持人处于信息传播的核心地位，负责组织各方面的信息，拥有了更大的创作空间。播音员、主持人不仅要有政治把关人的思想觉悟，还需要具备综合能力，接收各个渠道的信息进行组合汇编，并适时接入记者报道，引入嘉宾参与，接听热线电话。他们集“采、编、播、录、控”于一体，是主持、调度、引导、运行整个节目的枢纽。

2.直播互动谈话

如果说直播报道增强了信息传播的时效性，那么引入热线电话和网络平台，以听众参与和嘉宾谈话为主要形式的“互动”环节的应用，可以说是广播形态的又一大创举。电话、网络等通信技术的普及为广播形态的变革提供了契机。

1876年，美国科学家贝尔发明电话。1877年，中国人在上海架设了第一部电话。1949年，中央加快恢复和发展通信。但到1978年，中国的电话普及率只有0.38%，平均每200人拥有不到一部电话，大部分县城和农村还在使用“摇把子”。改革开放以后，中国加快基础设施建设。20世纪80年代中期开始，家庭电话作为大众通信工具日渐普及。到2003年3月，固定电话用户达到22562.6万，移动用户达到22149.1万。

家庭电话的普及契合了广播传播模式的改革，“直播+热线电话”可以说是广播发展史上的创新。1992年10月，上海电台开办了直播新闻类谈话节目《市民与社会》，节目邀请市领导、专家来到播音间，就大家共同关注的话题进行讨论，市民和听众随时可以打进电话参与讨论。节目在市民与政府之间架起了一座沟通的桥梁。时任上海市委书记、副书记、市长、副市长、各区区长、县长以及政府各部、委、办、局的负责人都曾经走进直播室和市民交流，在社会上引起了很大反响。1993年，北京人民广播电台推出《人生热线》节目，主持人苏京平和专家学者一起就婚恋家庭、心理健康、人际交往、生活烦恼、社会公德等话题与听众探讨，并开通热线电话，开展咨询服务，获得巨大成功。1993年10月28日，上海东方电台开办，其采取24小时主持人直播和整点新闻滚动播出的形式，大规模引入听众电话，包括热线点播、热线采访、热线谈话、热线咨询等。热线电话的引入使得广播再次繁荣起来。上海东方电台刚刚开播的前4个月内，即迎来了惊人的30万封听众来信，平均每天涌入2500封。上海市电话局的统计数据显示，东方电台的直播室热线电话在高峰时刻竟然同时收到了4000通电话。1996年，《杭州广播电视年鉴》杭州广播电视发展概况中提到："增加主持直播节目，密切和群众的关系，为群众服务，吸引观众、听众直接参与节目的制作播出成为时尚。各电台、电视台普遍办了热线服务栏目和医药卫生等专题性服务节目，开通热线电话直接为群众排忧解难。西湖之声电台的《热线7:20》坚持了三年多，为听众办了大量实事，在老百姓中树立了很高的威信。从1995年12月11日开始，热线和市长专线电话办公室联办，将政府工作和舆论监督紧密结合起来。"

广播网络与进入千家万户的电话连为一体，主持人、嘉宾、听众通过电话交流，使广播这个大众传播媒介兼具了人际交往的特性。热线电话将人际交往纳入广播节目的大众传播过程，弥补了单一的大众传播因深层情感联系和心理基础不足而在传播效果方面可能存在的欠缺，同时又为二者的融合找到了契机，以优势互补。

热线电话节目在内容上更为贴近生活、贴近实际、贴近听众。人们可随时随地拨通电话参与节目、报道新闻、请求援助、反映问题、发表意见或评论。热线点播可满足点播者个人的娱乐需求，也可满足点播者对亲朋好友表达思念、问候、祝福的情感需求；热线服务为听众提供咨询、导购等方面的服务；热线谈话用于沟通思想情感，排除心理障碍；热线讨论大多与群众关注的热点、疑点、难点问题有关，或讨论恋爱婚姻、家庭生活、人际关系、伦理道德、理想追求等人类社会的永恒话题。

同时，互联网以及层出不穷的聊天工具和社交网站给主持人了解受众提供了窗口，主持人通过个人或栏目的微博、博客等不仅能够聚集人气，还能捕捉受众变化，有针对性地调整节目方案。这种结合使广播传播信息快的优势得到最大发挥，使广播节目形式更加生动活泼，内容更加真实可信，成为广播节目样态的重要特征。

广播主持人的语言体现出口语化与规范化、艺术性与严谨性的和谐统一。主持人需要在不经意的闲谈中运用紧凑精练、富有逻辑的语言，既像生活口语那样生动活泼、挥洒自如，又像书面语言那样讲究结构和布局。主持人的语言看似即兴，实则经过精心策划；虽出于生活口语，但比口语更规范、更具美感。可见，这是一种具有较高艺术水平的语言，可以引导大众的审美情趣，给听众以极强的感染力，更易于使听众产生共鸣。

（三）广播新型直播的特征

1. 直通性与共时性

如果说录音广播节目从制作采集到生成需要一段时间周期，那么新型直播就打通了节目生产过程中的层层屏障，从新闻现场直通受众，很好地实现了“提速”。直播状态下，现场的声音信号（包括记者和同期声）通过直播车或其他装备直接传入直播间调音台，再由调音台输出到发射台。记者在新闻现场进行报道，其声音信号通过电子通信设备进入直播间，由主持人调度播出，记者与主持人还可以就事件交流讨论，同步播出。这样新闻事件的发生、采集、报道、传播、收听过程几乎同步进行，信息直达。热线电话和网络信号的引入又使广播传播增加了获取信息的“信源”，使节目具有更强的真实性和时效性。比如，过去的录音报道能够把新闻事件的本来面貌报道给听众，但后期制作难免存在加工痕迹和时间差。如今，通过电话连线，记者将节目的采制过程“原装”播出，新闻现场、演播室、场外嘉宾、听众等几个端口，无论相隔多远，都能在同一时间存在于同一信息的传播过程中，达到共时互动交流。

新的通信技术使信息传播速度大大提升，广播节目的采、编、播流程大大简化，为提高广播节目的时效性奠定了基础。国内许多电台配置了多功能转播车，充分利用数字技术解决了现场直播、录播、扩声和节目数字化回传等问题，提高了现场播出的机动性和及时性。记者带上数字采访机、笔记本电脑和电话线路回传设备，就可以轻装上阵、快速出击、及时报道。广播正在利用各种传输手段，提高信息采集速度和传输质量，在时效性上下功夫。

2. 人际化与可听性

随着广播新形态的出现、人际交往手段的引入，主持人人际交流方式出现在广播中。传统广播形态中，传者与受众在时间与空间上处于分离状态，无法面对面交流，受众的不确定性会影响传播效果。电话、网络等人际传播手段的加入，使广播这个大众传播媒介兼具了人际交流的特性，广播网络不仅与进入千家万户的电话、网络相互融合，更是将大众单向传播媒介的“一对众”特性与人际双向传播媒介的“一对一”特征巧妙结合在一起。这种融合将信息传递的广泛性与互动性相结合，为传播方式带来了全新的可能性。主持人、嘉宾、听众通过电话和网络交流，这一过程实质上具备了双向或多向交流的特征。

在这样的传播模式下，人际传播的针对性更为明显，能更有效地对受众施加影响。受众不再是模糊的存在，可以通过电话或网络参与表达观点，和主持人直接对话。谈话过程中，信息选择可以随时进行，信息传递误差可以不断校正。主持人对象明确、想象具体，可以“对症下药，量体裁衣”，根据听众的不同情况、不同需求选择不同的交流方式和语言，增强广播的实用性和可听性。

广播新型直播将人际交往纳入广播节目的大众传播过程，这种结合满足了受众求快、求新、求真的需求。广播新型直播为广播事业的发展和形式的变革注入了新的活力。

3.包容性与互动性

现代传播技术和广播直播方式的包容性，使听众参与广播的方式灵活多样，包括电话、短信、互联网、微博等公共信息平台。即时反馈作为传播中的一个重要环节也大大优化了传播效果。广播新型直播在通信技术、网络技术的连接下实现了更大空间的“共时性”传播，而在大众传播中实现“共时互动交流”可谓广播改革的一大突破。单向传播中传播者必须有理由传播，产生动机，然后在大脑中对信息进行加工、整理，再把信息编制成代码，对肌体发出指令，产生符号即广播中的有声语言。接收者必须把注意力集中在这些符号上，通过感觉渠道从符号中抽出某种信息，将大脑加工和脑中已存储的信息相结合，并根据自己当前的需要进行分析、判断，进一步做出抉择。具有互动性的双向传播（或回路传播）是一个往返、重复、交错的传播过程，每一个人既是传播者也是接收者。这样的传播有两个必要条件：一是传播参与者必须共处于彼此听得到说话声音的空间里；二是传播必须是共时的。那么广播就是在新技术支持下实现了时间和空间的跨域和统一，主持人、现场、记者、嘉宾处在信息交流的各端点，无论相距多远，互动交流都没有障碍。在新形态广播中，直播元素与主持人元素、听众参与元素、版块结构元素相结合，演变出丰富的节目形态，使节目具有了共时交互性，这是新形态广播的新机制，是广播旺盛活力的源泉和价值所在。

第二节　电视技术条件下播音主持形态发展

一、电视事业诞生与早期直播

（一）电视事业诞生

从广播电视技术发明的进程可以看出，人类对于传送声音和传送图像的实验是同步进行的。随着光电效应的发现，1919—1925年，全球范围内的科学家曾递交了100多项与电视机发明权相关的申请。但是传播图像在技术上要复杂得多。到20世纪30年代，电视机才正式诞生。电视传播的基本过程可以简洁地描述为：利用摄像机和话筒将景物反射出的光线和声源发出的声音转化为相应的电子信号，即视频和音频信号。同时，结合其他电子设备生成的文字等信号，一同进行传输。这些电子信号经由有线或无线方式传送出去，而在接收端，通过相应的接收工具将音频、视频和其他电子信号还原为图像和声音，从而供观众收听和收看。整个过程实现了现实世界与电子信号之间的转变，使观众能够以多元化的方式体验丰富的视听内容。

英国科学家约翰·洛吉·贝尔德被称作“电视之父”，他通过实验解决了用电话线和无线电波远距离传送图像的问题。1936年在英国诞生的第一座电视台，最初使用的就是他发明的设备。电视曾被认为是传播媒体的集大成者，它集声、像、文字于一体，能满足受众视听感官的双重需求。

1958年5月1日，中国的第一座电视台——北京电视台开始试播，它也是中央电视台的前身。当时，北京电视台的覆盖范围仅限于北京市（半径25公里），且市内只有50多台电视机。同年的10月1日，中国的第二座电视台——上海电视台正式启动。随后，12月20日，哈尔滨电视台（黑龙江电视台的前身）也开始面向观众。这一批早期电视台的建立，标志着中国电视事业的诞生。早期中国电视的技术人员向苏联和东欧学习经验，最早的一批“北京”牌电视机就是模仿苏联“旗帜”牌电视机试制的。随着电视事业的发展，电视播音主持形态逐步稳定，这是继广播之后播音主持形态的一次重大变化。播音员、主持人在电视媒体中呈现的创作方式日益多样化并不断发展，出现多种样态。

（二）早期电视播音主持样态

直到20世纪50年代末期，所有电视台都只能播出电影和演播室的直播节目。

北京电视台成立之初的电视节目是黑白颜色直播的，电视新闻、专题节目等都是先用16毫米摄影机拍成胶片后，再按照传统的电影制作工艺流程在台内进行后期制作与加工。上海电视台与哈尔滨电视台等一批早期的电视台也大抵如此。早期电视播音主持样态有纪录片配音、演播室直播和现场直播。

1.纪录片配音

早期的电视台没有自办节目，各方面都处于摸索阶段，主要采用为静态图片和来自电影厂的画面直接配音解说的方式制作节目。这一时期的新闻节目属于“新闻纪录片”时代，播音主持的主要样态有为图片配音、播送简明新闻和口播新闻等。中央新闻纪录电影制片厂的《新闻简报》为电视台长期提供新闻节目，电视新闻基本停留在“画面+解说”的单一节目形态上。从1960年元旦开始，北京电视台开始推出定期的《电视新闻》栏目，专门播出自制的新闻片和纪录片。其实早在1958年5月15日，北京电视台就首次尝试播放了自己制作的新闻节目——一段长达4分钟的图片报道，题为《东风牌小轿车》。该节目中的图片来自新华社，采用摄像处理的同时配加解说词，这是早期电视的主要表达形式。

2.演播室直播

（1）新闻节目

播音员在摄像机前直接播出新闻稿件属于演播室直播，早期直播阶段基本是播音员根据稿件直接口播。1958年11月2日，北京电视台开办了《简明新闻》栏目。该栏目独具特色，每集仅持续5分钟，以口播方式进行新闻报道，通常安排在晚间节目末尾播出，主要由中央人民广播电台新闻部提供稿件。尽管由于电视新闻注重形象塑造，北京电视台对口播新闻报道的认可度有限，这类节目经常遭到取消，甚至停播。但在地方电视台，由于操作简单等特点，口播新闻报道和图片新闻报道常常成为主要报道形式。《全国电视新闻联播》属于典型的新闻演播室口播节目，试办于1976年7月1日，也是《新闻联播》的前身，每晚7点播出，所用新闻由北京电视台记者采编和全国省级电视台航送，均为国内新闻，每次时长15分钟。1978年1月1日，《新闻联播》正式开播。该节目使用电影胶片直播，每次时长20分钟。1978年5月1日，北京电视台改名为中央电视台。1980年4月1日起，中央电视台借助国际通信卫星开始引入全球最大的两家电视新闻机构——美英合资的合众独立电视新闻社和英国维斯新闻社的国际新闻。此外，新华社每日专门为中央电视台编写国际要闻简讯，这一方面使国际新闻的内容得以丰富，另一方面显著提升了新闻报道的时效性，世界上发生的新闻事件，中国电视观众在第二天就能看到。在具备了这一条件之后，中央电视台对节目进行了改革，将原先的《国际新闻》并入了《新闻联播》，从而使《新闻联播》不仅包含了国内新闻，还加入了国际新闻的内容。这一调整使其成为一个更加充实和完整的新闻节目，其中既有形象报道，也有口播新闻。同时，每次节目的时长增加到了30分钟，进一步提升了节目的信息量和新闻报道的综合性。这种由单纯的口播形式向“口播+录像资料”形式的过渡，增强了节目的完整性和丰富性。

新闻解说和口播是电视事业初期的主要播音方式，在人员不足、缺乏经验的情况下，通常一位播音员要承担新闻、纪录片、专题片等多个节目的口播、配音、串联工作，工作量比较大。同时，面对摄像机直接播音的方式，相较于广播的早期直播阶段，多了画面信息的传递，电视播音员、主持人的形象、气质等体态语成为信息传递的一部分，影响着传播效果。在电视解说中，播音员、主持人要考虑画面因素，准确对位，不能出错。因而，电视早期直播中的播音主持是以有声语言和体态语共同创作的。相较于广播播音主持形态，电视播音主持有了更丰富的创作内容和手段，是播音主持形态的重大发展。

（2）文艺节目

早期的电视文艺节目和晚会也都采用演播室直播。一些小型文艺节目由电视摄像机录制，稍微大型的文艺活动和晚会还是要借助电影设备拍摄，再由电视台进行直播。起初，电视台经常邀请表演团体在演播室表演一些小型文艺节目，以丰富电视节目的内容。1958年5月1日，北京电视台开播当天，首先播出了诗朗诵、舞蹈，然后是电影。多种艺术门类的舞台表演和电影是早期电视文艺节目播出的主要内容。自办文艺节目和栏目化的综艺节目都是在电视的声、光、电技术逐步提高之后才慢慢出现的。20世纪60年代初期，北京电视台曾经直播了三场《笑的晚会》，虽然规模不大，但成为电视台文艺晚会的雏形，为后来举办《春节联欢晚会》奠定了基础。1979年春节，中央电视台举办了《迎新春文艺晚会》，从那时起，中央电视台每逢春节都会举办一场综合性的文艺晚会，通过直播的方式呈现给观众。1983年，中央电视台首届《春节联欢晚会》在演播室现场直播，设立了节目主持人、开设了热线电话，晚会播出后取得巨大成功。从此，《春节联欢晚会》直播拉开序幕，从内容到形式年年都有新变化，主持人也从初期由知名演员担任发展为由最具实力的优秀主持人担任，节目影响力越来越大。

3. 现场直播

早期的现场直播主要是实况转播，属于在单一报道点进行记录式的实况录像并同步播出。1958年，北京电视台使用黑白电视转播车，现场直播了中华人民共和国成立9周年的天安门阅兵典礼和群众游行。1984年，在庆祝中华人民共和国成立35周年的庆祝大会上，中央电视台出动200多人，动用5辆转播车、14套微波设备，设置了23个拍摄机位，并首次通过印度洋、太平洋、大西洋上空的通信卫星向国外直播，方明在天安门城楼上进行了现场解说。1987年10月，中央电视台对党的十三大开幕式和闭幕式进行了现场直播，这是首次对中国共产党全国代表大会进行的直播。1988年，第七届全国人民代表大会第一次会议和政治协商会议第七届第一次会议召开，中央电视台首次直播了国家主要领导人的记者招待会，使中国老百姓第一次亲临现场般地感受到国家领导人在中外记者面前侃侃而谈的风采。而两会的直播，可以追溯到第二届全国人民代表大会第一次会议。1959年4月18日，北京电视台实况转播了周恩来总理所作的《政府工作报告》。

进入20世纪90年代，在新闻改革大潮的推动下，新闻现场直播已经不满足于派驻摄像和记者到现场拍摄实况，进行简单记录了，媒体开始关注事件性新闻的报道。1990年4月7日，中央电视台首次将镜头对准航天领域，直播了我国自行研制的“长征三号”运载火箭发射美国休斯飞机公司制造的“亚洲一号”通信卫星。这是我国第一次承担商用卫星的发射任务，在国际上引起强烈反响。此后，又接连进行了数次发射直播。这一时期还处于由“记录”向“报道”过渡的时期，主持人、记者在现场进行报道的成分较少，但为后期电视新型直播中的现场报道奠定了重要基础。

（三）早期直播的特征

1. 可视性与即时性

如果说广播的直播实现了声音符号的共时传播，那么电视直播的出现则打破了空间的阻隔，实现了声画同步的即时传播。画面是电视传播的一大特色，新闻节目中画面的真实性能够让观众身临其境、看到现场，拉近新闻事件与观众的距离。娱乐节目中画面的艺术性会带给观众视听双重享受，增强娱乐效果。电视直播的可视性和即时性要求电视工作者在前期策划、画面语言、声画和谐、技术观念、制播同步等各方面不断摸索，积累经验。这些经验为后来电视新型直播的发展奠定了基础。

2. 朴素性与单一性

从节目生成看，直播是一次性完成的，尤其在早期人员设备还不到位的情况下，很多节目急就成章，难以做到严谨、周密、完美无缺。但是原汁原味、未经雕琢的表达在当时的环境下反而给人以真切、鲜活、生动、有感染力的质朴之美。在创作手段上，电视借鉴了电影艺术、舞台艺术、文学艺术等表达方式的创作方法。尽管在声画配合上艺术性不足，在新闻报道中时效性不强，创作方式和手段相对单一，但电视工作者在早期直播中积累了宝贵经验，这是电视事业发展的必经阶段。

3. 被动性与一次性

这一时期的电视主要利用声音素材、文字素材和图片素材进行创作。物质条件的局限使早期直播具有被动性和一次性特征。

如果说20世纪90年代回归的电视新型直播是在观念支配下的“主动直播”，那么20世纪50年代中国电视的早期直播可以说是在技术条件制约下的“被动直播”。早期电视演播室节目多用电影的方法把拍摄胶片冲洗后用电子扫描播出，节目制作的时间和内容都受到很大制约，播音员的创作也相对被动，需要严格按照文字稿件一次性准确播报。现场直播中，早期的直播是通过摄像和转播车直接将信号传递出去，记录的素材无法修改和重播，也具有一次性特征。

二、电视录播

（一）录播设备的发展

1. 录像机的发展与应用

1966年1月，北京电视台开始使用黑白录像机。当时采用的两英寸录像带可以录制和剪接大段节目内容，但还只是简单拼接，不是编辑。新闻、纪录片和游戏节目要先用胶片拍摄，然后在洗印室中冲印，这种工作需要复杂的制作机器和技巧高超的技术人员，还要消耗大量化学药品和材料。

20世纪60年代初，美国各大电视网均已正式使用磁带录像机，不再使用电视屏幕摄像机。70年代，可移动式录像机出现，但当时的可移动式录像机非常沉重，而且结构复杂，需要专门的技术人员操纵。直到80年代，电子新闻采集设备（ENG）才投入使用。从此，电视从胶片和化学材料中解放出来，ENG和卫星新闻采集设备（SNG）被广泛用于新闻和重大事件播出。

借助微波和卫星，新闻实现了全球的即时转播。20世纪80年代，录像机数量继续增长。1/2英寸卡式磁带录像机（家用录像机）极为热销。低价的摄制编辑设备使许多公司也开始有能力制作内部新闻节目和录像新闻。90年代初，录像带和视盘出现。录像机出现后，大多数演播室节目不再用早期直播的方式播出，而改为录制并剪辑后播出，电视节目由此进入录播时代。

录像媒介的介入改变了电视节目的呈现方式，随着录像机的引入，媒体传播的基本格局也在悄然发生变化。

2.演播室的进步

电视演播室根据空间面积的大小分为不同类型，包括小型、中型和大型演播室。小型演播室面积通常小于250平方米，适合制作人物较少、场景相对简单（如抠像）的节目，如体育解说、新闻播报等；中型演播室的面积一般在250—400平方米，适合制作访谈、益智类节目，可以容纳少量观众；大型演播室的面积在400平方米以上，适合制作大型综艺晚会和互动节目，可以容纳较多观众。

就节目制作方式而言，电视演播室可以分为实景演播室和虚拟演播室。实景演播室通常以人工搭建的实景舞台或景片作为拍摄的背景，为节目创造逼真的环境，主持人在可视空间进行创作，比较直观。但缺点是不同节目要更换景片，需要一定的制作周期，不太灵活。虚拟演播室是以计算机三维动画“虚拟”出的场景取代道具实景，节目制作系统由计算机软件、主机、摄像机、跟踪器、图形发生器、色键器以及音视频切换台等元素组成，现场布景由蓝箱取代，主持人根据前期设计在蓝箱空间里凭借想象完成语言创作。虚拟演播室有时可以达到现实中无法实现的视觉效果，节省人力和空间，但是前期需要大量投入，现场并非所见即所得，向主持人、灯光等工种提出更大挑战。

（二）电视录播播音主持主要样态

电视录播是指提前制作好节目的录像带播出。这种录像带既可以是本台新制作的节目、交换得来的节目或作为商品买来的节目，也可以是收录的其他广播电台、电视台的节目或本台以往的节目。在录播中，节目播出作为独立环节与节目制作区分开来，因而，播音主持作为制作环节的工作是先于播出完成的，而播出就是按照编排好的顺序依次播放录像带的技术性工作。随着录像技术的不断进步和设备的不断完善，电视演播室录制节目的质量得到了明显的提升，新闻、社教、文艺等各部门纷纷制作录播节目。1980年7月，中央电视台全部节目开始使用录像带录制播出。演播室录播逐渐成为电视播音主持创作的主流形态，其中涉及以下一些主要样态。

1.演播室录播

（1）口播

录播中的演播室口播是播音员、主持人在演播室面对摄像机根据编辑好的稿件进行录像播音，这是有了录像机以后新闻播音的主要样态。在录播过程中，播音员、主持人通常拥有一定的准备时间。录制过程中如果出现问题可以重录，后期允许对录像素材进行编辑、修改、加工。相对于早期直播，录像机的使用大大提升了节目质量。原有的新闻节目开始利用录播进行改版。比如，1981年7月1日，《新闻联播》进行了编排的改进，将国内新闻电视片、国内口播新闻、卫星收录的国际新闻录像以及国际口播新闻进行了混合编排，呈现了更加多样化的节目形式。整体分为国内新闻和国际新闻两大部分，重新设计版面，取消新闻配乐，口播新闻也尽可能配上照片、地图、影片、幻灯、字幕等资料，同时，开始播报中央气象台发布的天气预报。1986年，《新闻联播》开辟了《简讯》《报摘》《一句话新闻》等口播栏目。《新闻联播》逐渐突破“新闻纪录片”的模式，演播室口播的样态节奏感强，富有美感，更有利于信息传播。《新闻联播》最早的播音员有李娟、刘佳、邢质斌等。20世纪80年代初，杜宪、薛飞、张宏民、卢静、罗京、李瑞英作为北京广播学院恢复高考后的前三届毕业生陆续加入《新闻联播》。随着播音员队伍的不断壮大，该节目逐渐形成端庄大气的播音风格。《新闻联播》作为同类节目的标杆，也带动了地方台新闻播音的进步，新闻演播室口播成为新闻有声语言传播的基本样态。录像技术解决了记录现场画面这个问题，使电视的图像信息更为丰富。在新闻节目中反映真实现场，在文艺节目中传递热烈气氛，契合了电视通过画面传播信息的特性。1987年10月召开的第十三届全国人民代表大会实现了历次党代会从未有过的新闻公开。闭幕后，新当选的中共中央政治局五位常委出席中外记者招待会，中央电视台的新闻实况录像以最快速度剪辑播出，中外反响空前热烈。电视利用录像技术发挥了画面感强的优势，能够更真实地反映新闻现场，这样的报道方式使电视在新闻界的地位大大提升。

口播除了时政消息播报，在娱乐资讯、民生新闻等节目中也被广泛应用。1999年，光线传媒推出《中国娱乐报道》，中央电视台电视剧频道和《影视同期声》同步诞生。至此，娱乐资讯类节目兴起。另外，光线传媒的《世界娱乐报道》《音乐风云榜》《电视剧风云榜》，中央电视台的《中国电影报道》《综艺快报》等一大批节目也都采用口播录像方式。

（2）串联

随着录像技术的应用，电视节目制作的图像素材日益丰富，制作人员对节目的编排意识逐渐形成。根据节目整体编排，录播节目通常采用由播音员、主持人在开头、段落之间以及结尾播读串联词，将节目内容组合在一起的方式。主持人一般根据编排好的素材和稿件提前录制串联语，录制的过程中出现问题可以重录，然后编辑将主持人的串联语与节目素材整体编辑合成，形成完整的节目。1979年8月12日开始播出的《为您服务》是电视录像兴起早期的重要作品，起初还没有形成固定的理念、技术和人员组织，播出处于不稳定状态。直到1983年1月1日，《为您服务》正式确定以固定栏目名称、固定主持人的形式在每周一19点45分固定播出。这是我国第一个亮相荧屏的电视生活服务类节目，以介绍、普及生活常识为主要内容，还有为观众答疑解惑的环节，因此深受群众喜爱。

主持人录制串联语再由制作人员合成节目的方式逐渐成为一种固定样态，广泛存在于新闻、社会生活、文娱等电视节目中。

（3）谈话

谈话是主持人在演播室直接面对嘉宾或观众进行谈话，谈话内容就是节目播出的内容。真实谈话是有大纲、无脚本的，这类节目具有较强的不确定性，通常录播完成。1980年7月12日，中央电视台开播的新闻评论节目《观察与思考》中，第一次出现评论员面对嘉宾进行政策解读，这是谈话节目早期的形式。后来，随着社会环境和技术环境的变化，人们的参与意识增强，演播室规模扩大，设备更新，谈话节目逐渐拥有更大的“场合与舞台”。20世纪90年代起，从中央台到地方台兴起一大批电视谈话类节目。最有影响力的是1996年中央电视台推出的《实话实说》，主持人崔永元与台上台下的嘉宾互动自如、其乐融融，带动了这类节目的发展。

中央电视台的《艺术人生》、湖南卫视的《背后的故事》、凤凰卫视的《鲁豫有约》等都是这一时期的名牌栏目。谈话的形式除了叙事、讨论，还有清谈、辩论等多种风格。

谈话节目的录制有特殊性，对技术和各方人员都提出了更高的要求。孙玉胜在《十年：从改变电视的语态开始》中提到，谈话节目的特殊形态决定了它的录制是一次性完成的，之后就只能做减法，或删减或放弃。这样的特征决定了谈话节目比较依赖于主持人对嘉宾和谈话的把控，录制过程一旦完成，事后编辑修改的空间就比较小了。

主持人在谈话节目现场，不仅要营造氛围、调动情绪、引发共鸣，积极驾驭演播室这个“谈话场”。同时，还要注意利用演播室技术辅助谈话，如利用大屏幕播放事先录制好的影像资料，借助热线电话、手机短信、网络等方式互动，这也是演播室谈话节目形态进一步发展的结果。

（4）演播

电视演播这种样态是在早期广播演播有稿播音的基础上增加电视化的表达手段和方式。

第一真实空间的扩大：演播室口播、串联、谈话几种形式中，主持人基本处于相对静止的状态，演播室空间的扩展和电子技术的进步使播音员、主持人从静态走向动态。实景演播厅的空间决定了主持人行为幅度的大小。在早期几十平方米的小型演播室中，播音员难以“施展拳脚”，几乎是固定位置静态播报。随着演播室面积的扩大，主持人拥有了一定的活动空间。20世纪90年代初，中央电视台1000平方米的9号演播厅是当时最大的演播厅，一直承担着历年《春节联欢晚会》以及大型活动的录制。1997年开始兴建的1号演播厅，使用面积1600平方米，观众席1000座，1998年投入使用，成为后来《春节联欢晚会》的录制场地，也承担一些娱乐竞赛、大型互动节目的录制。在中大型实景演播室中，主持人在场上想要兼顾嘉宾、观众、道具等交流点，就需要配合肢体的行为动作。

第二虚拟空间的开启：虚拟演播室运用计算机技术、视频技术、图形渲染技术、跟踪技术等，在视觉空间上为电视观众营造纵深感，演播室中的创作主体要配合想象中的虚拟空间组织行为活动。1978年，专家提出了“电子布景”（Electro Studio Setting）的概念，指出未来的节目制作可以在只有演员和摄像机的演播室内完成，其余布景和道具都由电子系统制作。时隔几十年，概念已成为现实。我国在1997年左右开始进口一些二维虚拟演播室系统，后来各大电视台逐渐采用三维虚拟演播室系统制作节目。虚拟演播室系统明显提高了节目制作效率，节约了制作成本，在新闻、访谈、娱乐、体育、教育、天气预报等节目中都有应用，并在国内迅速普及。

对播音主持创作而言，二维虚拟演播室主要是演播室背板的变化，对传播主体的创作没有太大的影响。三维虚拟演播室可以营造与现实生活相仿的立体效果，主持人在三维空间中活动，摄像机也在三维空间中运动拍摄。在这种情况下，主持人必须对整体视觉效果的设计有所把握，让自己的行为动作与场景和运动镜头配合一致，这样生成的三维场景不仅能表现出空间感和真实感，也会产生真实、完美的视觉效果。

近年来，虚拟演播室越来越多地运用在电视节目制作上，并且与新媒体技术结合，形成一些新的模式。中央电视台2014年的《两会大数据》和2015年国庆期间推出的“一带一路”特别报道《数说命运共同体》两个节目，尝试在严肃的新闻节目中运用虚拟演播室，再加上对“大数据”的解读，给人耳目一新之感，带来巨大反响。我们看到的“时空穿越、精彩画面”，其实是主持人在虚拟演播室完成的。主持人在虚拟演播室中不仅要用有声语言讲解新闻信息，同时还要辅以体态、表情、道具“表演穿越”。多元信息的融合、多层次素材的驾驭、动态信息的传播，对主持人来说是全新的挑战。当然，我们发现这样制作的新闻本身也变得充满立体感，感染力大大增强，使得电视观众沉浸其中。相较于传统电视新闻的表达方式，虚拟演播室增加了信息的到达率。随着计算机图形学，传感技术和计算机软件、硬件的进一步发展，相信虚拟技术会给电视带来更多惊喜。

2.外景主持

随着电视表现手段的丰富，一些综艺节目、社会生活服务节目、新闻专题节目等从演播室内走向室外。1991年，中央电视台和日本东京广播公司合作拍摄了12集大型电视纪录片《望长城》，给观众留下了深刻印象。该片不仅是纪录片拍摄制作上的重要坐标，还是主持人运用上的一大突破。当时，经过全国招聘考试，主持人焦建成脱颖而出。之后，在一年多的时间里，主持人焦建成、李培红、黄宗英跟随摄制组拍摄，切身感受、体验。长镜头始终跟随主持人，考察长城修建、变迁；介绍长城在中国历史上的作用，以及其对人民物质、精神和自然生态的影响。主持人绘声绘色、滔滔讲述，用表情和动作带领观众走进了古老长城的历史时空。主持人外景纪实性串联的手法在电视节目主持样态上是一大突破，该片在国内外引起了强烈反响。

中央电视台大型综艺益智类节目《正大综艺》于1990年4月21日开播，“节目演播室+外景”的样态令人耳目一新。其中，演播室内的主持人负责组织嘉宾答题；外景主持人负责带领大家在世界各地领略新奇好玩的事物，并给演播室嘉宾出题。演播室内的嘉宾可以通过大屏幕看到外景，电视机前的观众通过录像画面也可以领略到各地风情。外景主持人清新活泼、自然大方的形象给观众留下了深刻的印象，每当画面切向外景时，演播室内的主持人就会说：“不看不知道，世界真奇妙！”这成为当时家喻户晓的电视宣传语。的确，外景突破了演播室空间，利用电视镜头、画面和主持人带给观众更广阔的天地。此后，外景主持作为一个重要方式越来越普遍地运用在综艺娱乐、社会生活服务等各类节目中，与演播室内容互为衬托、相得益彰。

随着摄录技术的进步，多机位、隐形摄像机在一些节目中大量应用，这使得外景节目的制作和主持方式越发灵活多变。20世纪90年代末，西方真人秀节目兴起。2000年，哥伦比亚广播公司（CBS）制作的野外生存类竞技真人秀《幸存者》在美国播出，反响热烈。节目大量采用隐形摄像机在户外拍摄，强化人与自然环境的冲突。主持人与选手在荒岛生存，他的角色时而是体能竞技的裁判，时而是把控进程的组织者，时而又是选手关系的协调者。镜头记录性地拍摄选手的生存状态、比赛过程，人性与体能的较量起伏跌宕、扣人心弦。之后，中央电视台引进了这档节目，虽然没有获得预期的反响，但也收获了一批真人秀追捧者，更重要的是在国际化交流中，电视制作的新理念、新样态和新方式被引入。此后，中国的大型户外节目开始兴起，而外景主持能力也成为主持人的必备之功。节目形态的丰富对外景主持人在体验、演示、运动中讲解表达的语言能力，与周围环境中人物、景物的融合能力等都提出了更高要求。外景节目通过主持人的现场参与和镜头的即时跟进，大大增强了带入感和体验感，使受众全方位感受节目内容，使节目更具可看性。

（三）电视录播的特征

1. 灵活性与流通性

录像技术改变了电视传播的时空格局，当磁带录像机应用于电视之后，地方台就不必实时转播电视网的节目，而可以改变时间播放，电视节目实现了表演时间和播出时间的分离。电视录像设备的发展使得电视拍摄的画面作为素材得以保留，这样可以编辑修改，调整播放顺序，使各种素材灵活组合成为完整的节目形态，对固定栏目的形成具有积极作用。有了录像带这个载体，节目的画面素材、新闻现场的视频资料便可以复制和流通，达到资源共享。20世纪80年代，中央电视台开始和欧洲、美洲的国际广播电视机构建立新闻交换关系。1984年，中央电视台参加了亚洲-太平洋广播联盟（简称亚太广播联盟）亚洲电视网的新闻交换，并通过厦门电视台接收中国台湾的《华视新闻》，还在中国香港派驻记者，与亚太广播联盟A、B、C区的国家、地区交换新闻，加强对于第三世界国家的报道。其他国家的新闻可以传送到中央电视台，中央电视台的新闻可以传送到地方电视台。以《新闻联播》为首的中央电视台新闻节目成为“消息总汇”。

2. 稳定性与纪实性

录播节目在前期策划的基础上根据编辑意图实施录制，遇到突发状况可以及时调整录制和播出计划，避免播出事故。在录制和播出之间还有一定的创作时间，一方面可以编辑、修改、合成，另一方面也可以在录制和后期制作的过程中再次把关，确保安全播出。有了录播以后，电视节目在创意、形态上才有了比较大的发展，一些节目的题材、风格日趋稳定，形成固定栏目。另外，录像机可以长时间记录拍摄运动事物，并加以留存，实现了纪实性创作，促进了这一时期纪录片、专题片的创作发展。

3. 可视性和艺术性

电视直播能够最大限度地满足信息传播的时效性要求，而电视录播更加有条件进行艺术性追求和创作。录播有一定的制作周期，从方案策划、实施录制到编辑合成等各环节都在践行和追求节目的精神主旨和品质，节目的整体感和艺术性能够在制作过程中得到提升。在节目的创作中，工作人员可以对录像素材进行剪辑，用三维动画进行制作，用音响、字幕等手段进行合成……一些时效性不强的节目与现代电视技术相结合，能够呈现更加精彩的视觉效果和艺术空间。

三、电视新型直播

（一）电视新型直播的出现

早期电视是直播的，随着磁带录像机的发明与应用才逐渐走向录播。但这个局面很快又被打破，电视直播再次兴起。早在20世纪50年代中期，磁带录像机在西方刚出现时，美国电视界就有一场录播与直播之争。尽管磁带录像机比原来的电影胶片在记录手段上方便很多，但仍无法快速反映新闻事件。有些评论家尖锐地指出，录制播出的电视节目是罐头而不是鲜肉。他们意识到，电视要有自己的特色，必须走与生俱来的直播之路。直播兴起之后，屏幕上总是打着显著的“LIVE”或“直播”字样，时刻提醒观众节目“正在直播”。尤其是时事节目，最需要发挥电视现场同步记录并传播的功能。可见，对于新闻时效性的追求始终是不可违背的传播规律。

20世纪90年代中后期，中国电视又一次刮起直播风潮。不过“此”直播已非“彼”直播，电视工作者由早期技术条件局限下的“被动直播”回归于新闻意识召唤下的“主动直播”。重新兴起的电视直播经过20年的摸索，如今已经基本形成一个技术先进、手段多样、人员到位的立体化新型传播格局，这样的电视新型直播形态在当代大众媒体的新闻信息传播中始终占据重要地位。播音员、主持人在这一形态中需要把握演播室直播和现场直播两种播音主持基本样态。[①]

（二）电视新型直播播音主持的主要样态

1.演播室直播

直播是指节目形成的同时就直接播出的方式。演播室直播是在电视台指定空间进行的，该空间具备一定的技术条件，直播时不受外界因素的干扰和影响，主要有新闻资讯口播、现场直播演播室主持、大型文艺节目演播等几种类型。

（1）新闻资讯口播

新闻直播中的口播是指播音员拿到编辑整理好的新闻稿件面对摄像机直接播报并同步播出的样态。1993年3月1日，中央电视台首套节目突破了每天仅有四个固定新闻时段（《早间新闻》《午间新闻》《新闻联播》《晚间新闻》）的惯例，开始增加新闻播出的频次，增加了新闻节目的占比。1996年1月1日，中央电视台《新闻联播》实现直播，这在业界引起极大反响。随后，其他整点新闻资讯类节目也陆续实现直播。直播提高了新闻时效性，带给受众新鲜的资讯信息，满足了受众了解新闻的心理需求，取得了很好的收视效果。据中央电视台调查咨询中心统计，“混编改版期间，收视率提

① 张春雷，潘林.新型省级数字电视直播平台探究［J］.广播电视网络，2022，29（1）：82-84.

高1.19个百分点”。中央电视台新闻频道于2003年5月1日开始试播，7月1日正式开播，最早定位是“以全面化的新闻报道，扩展资讯大视野，强化舆论导向，突出传播党和国家的声音”。2009年，新闻频道实现全天24小时播出，力求准确、迅速地为观众提供第一手国内国际新闻资讯。全天共24档，主要以播音员口播的方式进行滚动、递进、更新式报道，突出时效性和大信息量。口播直播给播音员带来的改变有两方面：一方面是备稿时间的压缩，播音员常常收到稿件来不及准备就要直接播出，这就需要广义备稿的能力，把功夫下在平时，提高新闻素养和理解能力；另一方面是播讲状态的改变，录播毕竟不是真正面对观众，错了能重来，心理上容易放松，而直播是真正面对观众，每时每刻都有播出压力。同时，直播对于有声语言的规范性、准确性也有更高的要求。

2013年2月9日，标志性的一刻来临，《新闻联播》首次引入了10路直播信号，为观众呈现了祖国各地迎接农历新年的生动画面。这样的形式让主持人、受众、记者和嘉宾在同一个传播场景中共同存在，实现了信息的即时共享与交流。这种互动极大地减少了主持人与受众之间的心理距离，增强了传播的亲切性和实时性。这也是当下口播的新趋势，主持人要做好各路信息的“组织者”。

（2）现场直播演播室主持

随着新闻改革浪潮的席卷、技术水平的提高，演播室可以与新闻现场实现全面对接，同步报道新闻事件。现场直播演播室主持中，通常是主持人根据接收到的视频、音频等各种信息对突发新闻事件进行综合性深度报道。现场直播报道是一个系统工程，我国电视媒体的报道水平在大事件中不断提升。首先值得一提的是1997年3月9日，中央电视台播出了由康辉主持的多点现场直播报道《日全食——彗星天象奇观》，这档节目拉开了直播报道的序幕。

这次节目实现了北京、漠河、昆明、南京四地连线递进直播报道，把当时中央电视台二楼的技术支撑用到了极限，并且是第一次加入演播室、主持人、嘉宾、专题片、精彩回放等元素。主持人需要根据前期安排与各个信号端交流，组织信息，但现场不可避免地存在诸多不确定性，这是对主持人临场把控能力的巨大考验。同年，中央电视台对中国香港回归进行了直播报道，“72小时直播的观众占有率达89.9%，以至少高出其他媒介66个百分点的优势，无可争议地占据了主体媒介的地位”。之后，中央电视台大刀阔斧地进行改革，成功制作了党的十五大召开、长江三峡胜利实现大江截流等一系列直播报道，将宏大新闻事件的场景同步呈现在受众面前，取得了良好的传播效果。1997年也由此被称为中国电视直播年。2003年3月20日，中央电视台对伊拉克战争进行了直播报道，这是中央电视台第一次大规模直播一场不可预测过程和结果的战争，影响深远。直播报道的形式后来在一些重大新闻事件的报道中多次使用，并逐渐成为常态。在2008年汶川大地震的报道中，直播应急能力再次受到考验。震后32分钟，中央电视台播出相关新闻；震后52分钟，中央电视台新闻频道推出直播特别节目《关注汶川地震》；当天晚上10点，中央电视台综合频道与新闻频道同步并机直播抗震救灾特别报道《抗震救灾众志成城》。这次灾难后的应急报道反映出中国电视直播报道的日趋成熟。在同年8月的北京奥运会期间，中央电视台成功实现了9套节目、持续1208小时的即时直播，不存在延时的情况。这一里程碑的成就标志着电视传媒领域的重要进展。经过一系列突发事件和重大新闻事件的直播经验的积累，各类直播节目的运作日趋职业化、规范化、常态化，音视频延时和备播应急技术处理装备日益完善，进一步提升了直播的稳定性与可靠性。

当前，以数字化为基础的传媒技术的发展，使信息传播速度加快，多媒体、全媒体演播室越来越普遍，信息资源利用效率大大提高。中央电视台农业频道于2012年11月开始使用全媒体交互式演播室；湖南卫视于2013年5月正式启用全媒体交互式演播室。同时，成都、南京、青岛、吉林等多家电视台也纷纷启用或改善了演播室的全媒体交互功能。全媒体交互式演播室的广泛运用，为直播报道中的互动元素提供了实质性的支持和条件。新闻演播中的画面信息、文字信息都以电子化、可视化的形式呈现在大屏幕上，主持人可以一边操作屏幕，一边解读、评论新闻信息。演播室外来信号的接入和网络设备的兼容，使节目可以更全面地展示新闻的背景信息和与观众的互动信息。借助新兴媒体技术，主持人拓展了观众的参与范围，实现了演播室资源的全方位共享。在今天的全媒体演播室中，主持人可以科学系统地整合文稿、视频、网络和互动等多种信息，并进行实时编排和即时播送。新闻演播室已经从过去的单一信息发布中心转变为信息交流的中枢和多功能平台。基于此，主持人要做到以下几点。①场外引入信息的互动，包括音视频连线、实况视频等。要注意适时引入，对外来信息要及时捕捉，将其纳入整个报道进程。②场内嘉宾的互动，包括现场的专家、评论员等。要注意合理分配话语份额，引导评论向纵深发展，及时用通俗易懂的语言进行解读。③整体上组织、整合信息。主持人要将演播室接收到的场外、场内，声音、图像等多层次综合性信息快速整合、提炼，用有声语言进行传播。在这个交互式领域中，主持人充当着重要的监督者和引导者角色，把握和引导主要观点的传递，协助受众辨别和筛选信息。直播报道增强了新闻传播的立体感、现场感、动态性和时效性。

（3）大型文艺节目演播

大型文艺节目演播在大型演播室进行，运用专业的灯光、舞美、摄像等设备录制，一般由两位以上主持人负责组织串联现场的表演，整个活动同步直播给观众。典型的大型文艺节目演播活动就是中央广播电视总台历年的《春节联欢晚会》。每年农历除夕，北京时间20点，晚会都会在中央电视台综合频道播出。此外央视中文国际频道、央视英语国际频道、央视西班牙语频道和央视法语频道也会同步直播，央视网等网络新媒体以及各地方台也会进行转播，节目时长一般为4个多小时。这档节目收视之高、规模之大、制作之精良堪称世界之最。

1983年至今，每年的《春节联欢晚会》(简称《春晚》)都集中体现了中国电视界、文艺界的最高水准，集技术性、艺术性于一体，成为一种较为稳定的晚会节目形态。大型文艺节目演播规模宏大、结构复杂、时间较长、人员众多，对直播技术提出了更高的要求。因而，每年《春晚》的直播水平几乎可以反映我国电视界大型节目直播的最高水平。在2015年哈文执导的羊年《春晚》中，中央电视台首次使用9号厅和1号厅两个演播厅进行直播。歌舞类节目使用1号厅，语言类节目使用9号厅，主持人各有侧重，也可以相互“串门”，演出人员互不干扰，提高了表演效率。但这个形式对镜头切换、舞美设计、舞台设置、直播操控的技术都提出了新的挑战。

由于场地空间大、观众多、氛围热烈，大型文艺节目演播主持活动具有一定的特殊性，这主要表现在以下几点。①多人搭档，分工协作。大型文艺节目演播通常由两位或两位以上主持人搭档主持，这就需要每位主持人把握好自己在主持团队中的角色定位，“不出圈”“不抢戏”，相互帮衬，共同推进节目。②庄重大气，把控全场。大场面活动中交流点复杂，如主持搭档、台上嘉宾、台下嘉宾、观众等。多点交流互动中，主持人需要整体把控时机、进程等多种要素，同时，风格要庄重大气，与大型文艺节目演播的气氛相契合。③声情并茂、烘托主题。大型文艺节目通常场面宏大、主题鲜明，主持人的用声既要提高音高、音强和音量，又不能一味高亢。应当以情带声、声情并茂，这样才能使语言具有感染力和表现力，进而渲染气氛、烘托主题。

2. 现场直播

现场直播是指播音员、主持人、记者到达现场，围绕新闻事件、会议、文艺演出、体育赛事等活动的实况采集信息进行的报道。不同节目内容和环境条件对直播的要求不同，但往往都要配备复杂的现场节目制作、控制、播出和信号传送等完整的技术系统。由于直播节目本身就是节目制作过程和播出过程的融合，所以直播工作也是艺术与技术的结合。

早期电视新闻的现场直播主要集中在单一场景或会议的实况转播上，将正在发生的新闻场景的声音和图像信息与播音员的解说融合，通过电视信号传送给观众。演播室直播也常采用类似模式：首先，记者赴现场采集新闻素材，然后编辑制作稿件并经过审核，最终由演播室内的播音员或主持人按照稿件内容进行播出。整个过程时间上，采集环节在前，播出环节在后。在新型直播中，节目传输速度大大提高，记者的报道逐步实现了同步播出。1997年中国香港回归特别报道、1999年中国澳门回归特别报道、2001年上海APEC会议特别报道、2003年伊拉克战争直播报道、抗击“非典”直播特别报道、中国首次载人航天飞行特别报道……在一系列重大事件的报道中，中央电视台派出主持人、记者亲临现场，同步报道，积累了大量经验。

以1998年和2003年的两会为例，记者在人民大会堂外的西北小院进行现场报道，即时介绍选举情况，第一时间同步直播选举结果。2001年上海APEC会议特别报道，中央电视台向前方派遣465人，动用大量转播设备，作为东道主，第一次独立承担大型时政性国际活动的转播任务。2001年10月15—21日，多国元首会聚中国，中央电视台完成了11场现场直播，提供了66场公用信号。2003年伊拉克战争直播报道中，中央电视台记者水均益被派驻前方，在报道的时效性、现场感、组织运作等方面给观众留下深刻印象，成为中国电视新闻史上划时代的标志性事件，也是我国新闻媒体第一次全方位、多角度对国际重大突发事件进行的现场报道。2005年8月，“麦莎”台风登陆我国沿海，并影响到内陆地区。中央电视台新闻频道与各地电视台积极协同，共同打造了备受关注的《直击台风“麦莎”》系列特别直播节目。这次紧密合作涵盖了众多地方台，包括浙江台、上海台、江苏台、山东台、河北台、安徽台、北京台、辽宁台、大连台、青岛台、台州台等18个省市地方台，共同建立了22个直播点，合力制作了时长达160分钟的直播特别节目。

新型现场直播在摸索中不断前行，相较于早期现场报道已经有了质的飞越，并体现出以下几个特点：①由单一报道点向多个报道点转变；②由单台操作向多台联动转变；③由现场记者报道向“主持人+嘉宾+记者”综合报道转变；④由描述性报道向深度评论性报道转变。

随着制播技术水平的提高，现场、演播室已经几乎能够同时呈现新闻事件的进程。记者、主持人在现场采集新闻信息和线索，在直播镜头前用语言和画面报道综合性信息，是如今新闻节目的常态表达方式。

（三）电视新型直播的特征

1.快捷性与融通性

卫星技术、数字技术、网络技术的发展使电视新型直播的信息传输速度大大提高。20世纪80年代，远距离视频资料的共享还要依靠航寄录像带实现。如今，在网络化条件下，一部手机就能远隔重洋发回视频。2013年波士顿马拉松爆炸事件，正是中国企业家王石第一时间从现场发回视频消息。网络技术将电视台、记者站、团体、个人联系起来，使所有信息有效融合、汇聚，使共享成为可能。在这样的传播环境中，快捷性和融通性成为电视新型直播的显著特征。

2.综合性与艺术性

事物走向成熟的标志往往具有综合性特征，电视技术也不例外。电视新型直播不仅能够运用演播室、现场等多重空间，还有主持人、记者、嘉宾共同为新闻报道服务，体现出前所未有的综合性。电视新型直播是一个群体相互配合一次性完成的高水平作品，具有较高的艺术价值。许多经典报道成为新闻史和电视史上的里程碑。

3. 多样性与动态性

早期直播是播音员、主持人直接面对镜头播讲已有的稿件，工作性质比较单一。而新型直播中，播音员、主持人需要参与策划、了解背景、熟悉操作、沟通嘉宾、把控进程、适时评点等，既是最终面对镜头直接表达的语言传播者，又是“一手信息”的“组织者”和“把关人”，还是整个节目进程的把控者，从事的是多样性、复合型的工作。另外，与事件同步的新型直播充满不可预见性，使整个工作过程具有动态性，需要播音员、主持人灵活应对。

第三节　互联网技术条件下播音主持形态发展

一、互联网技术发展与网络节目出现

随着计算机技术、光纤通信技术和数字技术的发展，信息高速公路、网络多媒体陆续出现。作为继报刊、广播、电视三类媒体之后的所谓第四媒体，互联网被认为是媒介进化史上新的里程碑。人们将前三种媒体称为传统媒体，而把互联网称为新媒体。这种新媒体是当代高新技术发展的结晶，具有数字化和交互性的特征。[①]

---

① 邓皓粒. 互联网环境下播音主持的调适与创新［J］. 新闻研究导刊，2019，10（15）：118，120.

中国互联网起始于1986年北京市计算机应用技术研究所与德国卡尔斯鲁厄大学（University of Karlsruhe）合作实施的国际联网项目–中国学术网（Chinese Academic Network，CANET）。1987年9月，CANET正式建成中国第一个国际互联网电子邮件节点，并于9月20日发出了中国第一封电子邮件："Across the Great Wall we can reach every corner in the world（越过长城，走向世界）。"这揭开了中国使用互联网的序幕。

中国1994年正式联入互联网，1995年出现互联网商用服务，从起步到普及发展迅速。据统计，截至1995年底，我国上网人数不到6000人。到1996年底，上网人数发展到约20万人（全球互联网用户数约为4000万）。1997年底，上网人数为67万。1998年，在"政府上网"的带动下，上网人数猛增至210万。1999年，在"企业上网"的带动下，上网人数达到890万（全球互联网用户数约为2.59亿）。2000年，"百姓上网"工程启动，我国上网人数突破3000万大关。2008年，全球网民数量超过15亿，中国网民数量达2.5亿，首次超越美国，位居全球第一。《第52次中国互联网络发展状况统计报告》显示，截至2023年6月，我国网民规模达10.79亿人，较2022年12月增长1109万人，互联网普及率达76.4%。随着20世纪90年代中期互联网商业化运营，互联网在全球范围内迅速蓬勃发展并普及。截至2001年，几乎所有国家和地区都已接入互联网，使用人口规模达4亿之巨，仅个别国家（如朝鲜）为例外。互联网的媒体功能和信息传播特性也逐渐被充分挖掘。与报刊、广播、电视等传统媒体类似，互联网已经演变为一种极为重要的传媒形态，成为人们日常生活中不可缺少的一部分。

（一）广播向互联网延伸

当广播和电视完成数字化改造之后，与网络实现全面对接，出现了网络广播和网络电视。网络广播电视是指采用IP协议、通过公共互联网、面向计算机终端传播的音视频业务，业务形态主要包括网络广播、网络电视、播客等。中央人民广播电台、中国国际广播电台等也陆续推出网络广播。网络广播节目形式与传统广播节目相比变化不大，只是播出方式由录播、直播模式发展为点播模式。

进入20世纪90年代后期，随着数字音视频压缩技术的快速发展，多样化的节目开始涌入网络直播的阶段。根据中国互联网络信息中心（CNNIC）的调查数据，1997年10月，我国互联网的国际出口带宽为26M，到1999年迅速增长至241M，再到2001年更是达到了5724M。带宽资源的发展使得音视频传输更加流畅，为网络音视频节目的繁荣创造了条件。

1996年12月15日，广东珠江经济广播电台开通网上实时广播，成为第一家实现网上实时广播的电台。电台确立“听众是广播主人”的意识，运用“主持人中心制”将节目划分为大版块、小节目，并向可视性、即时性、短小性发展。这些传统广播向网络发展的有益探索不仅打造了周郁、李一萍、嘉欣、黄海等一批知名主持人，推出了《珠江晨曲》《朝朝新节拍》《午间快语》《莺歌夜话》等名牌栏目，也满足了网络时代人们碎片化的收听需求，取得了良好效果。主持人在网络化传播中依靠人格魅力吸引、聚集受众，形成以自身为核心的网络社群关系。

紧接着，上海广播电台、东方广播电台等也纷纷创立了自己的官方网站。在“广播”向“窄播”转变的潮流下，一些广播网站开始瞄准特定的用户群体提供服务。比如，中央人民广播电台文艺调频与“中国文娱网”合作推出了“中国歌曲榜”，以MP3格式提供流行歌曲的榜单内容。网络传播的互逆性、多通道、平等性、选择性等特点使主持人和听众成为传播者和用户的关系，听众的主动性大大提高。

网络广播突破了传统广播顺序播放、稍纵即逝的局限性，在网络化模式下实现了反复点播。网络广播与手机等移动媒体相连接，使听众可以非常方便地通过短信、电话、QQ等方式与主持人交流互动。网络广播可以吸纳互联网的潜在用户，此趋势还带来了收听方式的巨大变革，即从原来的线性收听彻底转变为非线性模式，观众从过去的被动接收转向了双向互动的参与。例如，听众可以利用手机，在移动状态下随时随地与主持人互动，发表自己的感受。这种简便的参与方式提高了听众的参与热情，拓展了听众群体。

（二）电视向网络延伸

20世纪90年代，发达国家的电视机构纷纷“抢滩”互联网。比如，1995年8月30日，美国有线电视新闻网（CNN）建立网站；1997年5月15日，美国广播公司（ABC）建立网站。这些网站充分发挥“信息总汇”和“信息枢纽”的优势，在技术和内容上下功夫，发展迅速。微软公司与美国全国广播公司（NBC）合作，共同创立了微软全国广播公司（MSNBC）。1996年7月，MSNBC建立网站，全天24小时有线新闻频道正式开播。网络的无限空间为新闻记者提供了用之不竭的“新闻版面”。

20世纪90年代后期，我国广播电视网络传播悄然兴起。1996年，中央电视台网站建立，这是国内最早成立的提供中文信息服务的著名网站之一。2000年12月20日，该网站正式命名为“央视国际”。1996年，中央电视台首次利用互联网对《春晚》进行宣传报道。宣传网页中特设虎年贺岁专辑，在页面上有文字介绍、图片信息、精彩花絮等，总时长23分钟。在晚会直播时，电视屏幕上还不时打出网址和电子邮箱。后来，一些备受瞩目的中央电视台栏目，如《东方之子》《实话实说》等，也积极与国内网络公司展开合作，将节目内容呈现在网络平台上。1998年夏季，法国举行第16届世界杯足球赛，中央电视台通过互联网对比赛进行了现场转播。

另外，网络等新媒体逐渐成为电视节目新的播出平台。2010年，英国电视五台与社交网站Facebook（脸谱网）合作推出VOD视频点播服务“Demand Five”，用户可通过VOD登录收看视频节目。这是第一家在Facebook播出长视频的电视台，观众随时随地都能收看其电视内容，引起业内高度关注。家庭票房电视网（HBO）为谷歌视频（Google TV）提供了600小时的节目，用户可通过电脑、手机或任何能上网的设备收看HBO的节目。用户还可通过谷歌搜索查找节目，任意设置节目单，检索与节目内容相关的背景资料和演职员信息，同时，在收看节目时可与好友交流、分享视频片段。这不仅符合年轻观众的收视习惯，还提升了用户体验。

以前人们只能在电视上通过有线网络或者无线电波收看电视节目，现在许多电视机增加了网络接口，使得人们可以通过电视浏览网站、观看网络视频。随着移动终端的种类不断丰富，便携性、操作性不断加强，加之网络覆盖率的提高，人们可以通过手机、平板电脑等随时随地收看或者录制音视频节目，并及时上传网络进行共享。

（三）独立网络节目

1. 网络电台、电视台的形成

21世纪初的几年，受网络传播技术的限制，网络视频只能以一种小窗口的形态呈现，没有太多的实用价值，尝试网络视频的主要是门户网站和传统的电视媒体。同一时期，网络音乐因占用资源少，得到很好的发展，2003年前后出现了网络电台。从2005年开始，CDN、P2P技术逐渐走向成熟。另外，随着美国YouTube视频网站成功模式的驱动，国内企业纷纷设立商业性的视频网站，网络视频进入快速发展期。后来，在国内外证券交易所上市的优酷网、酷6网等视频网站都是这一时期的产物。

网络视频基本是媒体网站、门户网站、商业垂直网站三分天下。在媒体类网站中，央视网拥有内容资源上的强大优势，整体影响力在媒体类网站中处于主导地位；国际在线拥有国内乃至世界上语种最多的网络电台；中国广播网是国内处于领先地位的广播网站；北京、上海、湖南、安徽、江苏、浙江、山东、山西等地的广播网站或电视网站也很有特色。从2009年开始，央视网、国际在线、中国广播网、安徽电视网等媒体网站开始向网络广播电视台转型。在视频网站中，优酷网、土豆网拥有明显优势，酷6网、迅雷看看、56网保持同行领先地位。

在网络视频的内容选择方面，CNNIC发布的《2010年中国网民网络视频应用研究报告》显示，新闻、资讯、时事类的视频节目在2010年观看用户比例达74.5%，继电影、电视剧之后位列第三；电视直播类节目受欢迎程度位居第四，收看比例达67.8%。

2. 网络自办节目出现

1999年6月1日，中国第一家网络电视台——中国虹桥网正式开通。观众在视频窗口收看节目的同时还可以在聊天室中留言，表达观点、进行提问、参与互动，主持人会筛选典型问题与嘉宾和观众展开讨论。节目采用直播方式，同时还设有“精彩回放”，观众可以在其他时间随意点播。虹桥网的节目运用了网络的交互性特征，在实时传播中引入观众互动，并随时反映在节目内容中，增强了观众的参与感。同一时期，网络聊天室中出现了一大批主持人，为网络节目主持人创作奠定了基础。

（四）独立网络电台

广播网站拥有丰富的信息资源和传播优势，具有跨媒体、跨行业合作空间。2004年，国际在线中文网设置网络电台部，独立招聘主持人，开辟了BBS讨论区，成为第一批脱离无线广播而独立制作在线广播节目的网站。此后，北京广播网与北京团市委合作开办的纯公益性网络电台——青檬网络电台于2005年12月20日开通。青檬网络电台以首都大学生为收听对象，以“娱乐青年、引领青年”为目标，通过全新的节目形态为青少年成长营造良好的网络环境。2006年6月，中国国际广播电台联合多家单位发起的在线广播联盟创建了音频网站——听世界网，其中有多个原创电台栏目。比如，阿楠主持的以热门话题为主要内容的《听天下》，若然主持的点歌类节目《声音传情》，阑世主持的《广播剧时间》以及相萌主持的《网络小说连连看》等。

互联网在信息传播方面具有媒体的性质和独有的优势，越来越多的人会通过互联网关注重大新闻突发事件的发展。

二、网络节目主持的主要样态

（一）脱口秀

脱口秀的历史可以追溯至18世纪英格兰的咖啡吧聚会，当时人们在这些聚会上讨论社会课题。然而，脱口秀真正的发展脉络出现在美国。1926年，脱口秀于美国荧屏上亮相。随着20世纪初广播的兴起以及公共集会的盛行，越来越多的人借助广播媒介进行讨论，这进一步推动了脱口秀的形成。中央电视台1996年推出的《实话实说》是向脱口秀风格迈进的尝试，但由于媒体属性和大众审美的差异，我国个人脱口秀电视节目在20世纪90年代一直没有长足发展。而互联网的兴起给脱口秀带来了机遇，其运行机制、传播模式、收视特征等契合了脱口秀节目的传播特色。可以说，网络传播直接激发了脱口秀节目和脱口秀主持人的蓬勃发展。

1.起步

我国第一档网络脱口秀是商业门户网站TOM于2003年11月3日推出

的视频新闻节目——《大话新闻》。主持人林白以“播报+评论”的方式点评时事和社会新闻。闵大洪认为，“以《大话新闻》为标志，网络新闻（视频）主持人的形态真正出现了”。节目开播不久，一家名为“文学城”的海外中文网站主动推介了《大话新闻》，这使得该节目引起大批海外中国留学生的关注。随着影响力的日益扩大，《大话新闻》逐渐形成了“播报+评论”的网络脱口秀形式，并确立了“理性与幽默并重，正义与调侃共存”的风格定位。

《大话新闻》诞生于网络，在发展过程中几次进军广播电视。第一次是从2004年5月18日开始，周一至周五每晚9点半至10点，在中央人民广播电台都市之声播出。虽然只有北京听众可以接收，但这是国内第一个成功落地于传统媒体的网络节目，是网络文化发展中的突破之举。2005年1月，《大话新闻》曾变身为纯广播节目，播出时间提前到晚7点至8点；2005年8月，《大话新闻》重归网络，开始在“天天在线”播出，随后先在网上播出，再把视频版制作成音频版，送到电台播出；2005年12月，《大话新闻》的网络播出已比较稳定，而送到电台播出的音频却不止一次出现播出故障，在这种情况下，节目彻底重归网络。2006年4月，由林白担任主播和主编的《大话新闻》登陆河北卫视，于每天早上7点半至8点播出。

此后，林白于2009年11月3日推出《麻辣书生》，后来更名为《狼哥脱口秀》，与优酷网、搜狐网、腾讯网、乐视网、爱奇艺联合出品。该节目沿袭了《大话新闻》的风格，其“关注人生百态，调侃世间万象”的节目定位和“麻辣调侃、伸张正义”的主持人风格逐步稳定。主持人以“林中白狼”的形象在网络脱口秀中占据一席之地，拥有大量受众。

2.发展

（1）娱乐脱口秀

如果说《大话新闻》及后续系列节目是网络脱口秀的先锋，开创了一个新型节目传播样态，那么2007年由搜狐视频出品的娱乐脱口秀《大鹏嘚吧嘚》，又将这类节目的内容、形式、传播方式进一步拓展，在受众中形成了稳定的影响力。主持人董成鹏（大鹏）以睿智犀利的独特语言风格，佐以各种搞笑短片，揭开娱乐圈幕后“真相”，观点新颖且幽默搞笑。“大鹏团队”在一小时的节目中运用道具、演员、字幕、音效等多种手段，表达“笑看网络新生活”的观点。该节目站在受众的角度，时而针砭时弊，时而热情颂扬，有态度、不做作、接地气的风格吸引了众多受众，大鹏也因此获封“互联网第一主持人”称号。同时，大鹏也在山东卫视《不亦乐乎》、辽宁卫视《明星转起来》、光线传媒《最佳现场》、黑龙江卫视《挑战名人墙》、湖南卫视《新闻大求真》、东方卫视《笑傲江湖》等传统媒体的各类栏目中参与主持工作。

（2）自媒体知识脱口秀

2012年底，一档定位为自媒体视频脱口秀的节目《罗辑思维》在优酷网与网友见面。主持人罗振宇以“有种、有趣、有料”为宗旨，向受众推荐书目、传递知识，做大家“身边的读书人”，倡导独立、理性地思考。主持人在节目中以即兴讲述的方式一气呵成，只要出错就重新再来，以“死磕自己，愉悦大家”为口号，有时一期不到45分钟的节目要录制8至10个小时。如今，“罗辑思维”推出微信公众订阅号，每天早上6点半左右发出。这个节目与其他互联网产品最大的差异在于，它不仅是一个自媒体脱口秀，更是一个以价值观为基础的创业和知识社群。该节目也成为“罗辑思维”品牌不断扩展事业边界的核心力量。主持人罗振宇希望用情感共鸣黏住用户，用人格思维凝结社群，用势能思维建立品牌，用社群力量拓展边界。他觉得，互联网正逐渐演变成我们生活中的“基础设施”，它将深刻变革我们协同合作的方式，导致组织逐渐解体、融为一体，同时也会释放个体生活的自主价值。

（3）群体脱口秀

2014年，爱奇艺打造了一档全新群体脱口秀节目。如果说同时期电视屏幕上的《我是演说家》《超级演说家》《开讲啦》等演说节目是“正说”，那么同为语言类节目的《奇葩说》可谓“谐说”，以“新、奇、特”取胜，带给人欢乐与轻松。节目由马东主持，并邀请数位嘉宾担任导师。18位“奇葩”辩手以三寸不烂之舌在场上就某个选题展开辩论。辩题来自节目组在数据后台调查的网友关注度较高的问题，涉及民生、人物、情感、生活、商业、创业等。节目以轻松、搞笑、犀利、奇特的语言吸引了大批80后、90后年轻观众，上线以来点击量破亿，微博话题阅读量也屡破10亿大关。

此外，大量平民化定位的草根自创脱口秀节目也充斥网络，内容涉及时事调侃、娱乐爆料、艺人八卦等，五花八门、形式各异，各自吸引着不同的受众。

3.特征

网络脱口秀是个人化产品，主持人是产品的策划者，量身打造的节目就是主持人尽情展现的舞台，主持人与节目势必具有较高的契合度。与传统媒体相比，网络脱口秀的特征有以下几点。

（1）题材宽泛

网络脱口秀节目选题的局限性小，往往是从主持人个人出发，选择自己关注、乐谈、善谈的话题讲述。或是社会热点，或是网友关心的焦点，或是主持人自己的兴趣点，上到天文，下到地理，中到时事，无所不包，选题角度极为宽泛。而且话题的表达方式也无定规，主持人或演绎，或笑谈，或讲述，或调侃，个性化的创作中一切皆有可能。

（2）随意性强

网络脱口秀节目在播出时长、播出时间、节目形态上比传统媒体节目更具灵活性，随时可能根据主持人、环境、受众等因素进行调整，改版相对频繁。主持人个人化特征明显，具有极强的辨识度，在演播环境、道具、言语中较多展露私人化信息，促进了个人风格的打造。

（3）特定受众

由于网络点对点的传播特点，传播者可以运用“向特定群体推送信息”的思维建构节目，精准、明确地将个性化传播内容送达特定群体。网络脱口秀个人色彩极强，网友会因为主持人的个人风格、表达方式、传播内容等会聚而来。尤其在同类节目中，网友会选择自己在价值观、审美等各方面更认同的主持人的节目收看。受众以网络追随者的心态形成特定群体，追随节目，具有专一性和小众化的特点。

（二）互动谈话

互动谈话源于网络聊天室的功能，互动谈话类节目的发展，吸引传统媒体主持人“纷纷触网”。2005年4月20日，电视节目主持人李静在新浪UC视频聊天室推出国内第一档网络视频互动谈话节目《静距离》。节目与电视访谈的差异在于，借助聊天室这个平台，网友可以充分地表达自己的想法。在节目过程中，网友可以随时提出问题，主持人和嘉宾及时反馈。《静距离》就是一个由主持人、嘉宾、网友组成的“三方互动”的娱乐节目。

此外，2008年北京奥运会期间，在全民关注奥运话题的背景下，很多相关的网络谈话节目应运而生。2008年8月6日，北京广播网作为北京广播电台的网站率先开启广播节目在互联网上的视频制作，推出了《我和我的奥运故事》视频访谈节目。节目邀请参与奥运报道的各路记者来到演播室，畅谈自己对于奥运的关注。节目采用直播方式，总共播出近10个小时，主持人蔡明可、纪佩佩、马琳玮成为北京广播网最早的网络视频主持人。2008年7月14日，搜狐网推出《搜狐北京播报》，主持人由搜狐公司董事局主席兼首席执行官张朝阳担任，他以专访的形式对话体育名人、奥运冠军等，展现了奥运背后的故事。2008年8月4—30日，电视节目主持人胡紫微和搜狐网合作了一档名为《奥运紫微星》的网络谈话节目，时长3个小时。节目形式包括视频连线、嘉宾访谈、网友视频互动等，内容包括热点事件讨论、人物故事、星座预测、明星八卦等。

这一时期，网络上还出现了一些自制原创网络谈话节目。比如，搜狐视频曾打造了一档具有80后特质的访谈类节目《先锋人物》，主持人李响思维敏捷、洞察力强，契合了该群体的气质，节目体现出一定的思想深度和人文情怀。搜狐视频还制作了一档明星访谈类节目《明星在线》，由黄锐、于莎莎等人担任主持，每期邀请当红娱乐明星畅谈工作与生活趣事。另外，腾讯视频还推出由华少主持的高端访谈节目《大牌驾到》，爱奇艺也出品了由朱丹主持的明星访谈节目《青春那些事儿》等。

网络互动谈话节目与传统媒体谈话节目的差异是：一方面，网络节目在选题上具有更大的随意性和灵活性；另一方面，网络节目能够实现与网友的实时互动，甚至可以根据互动情况设置话题进程等。但是在主持样态上，两者并无本质不同。

（三）网络晚会

网络晚会分为电视晚会在网络上的播出、广播电视与网络合办晚会以及网络自办晚会三种形式。从内容上讲，《网络春节联欢晚会》是最具影响力的晚会之一。此外，还有一些主题性网络晚会。

《中国民间春节联欢晚会》(简称《民晚》) 是网络自办晚会中比较有影

响力的。晚会源于2009年的“山寨”春晚，大部分节目来自民间草根，也有艺人参与，分为传统文艺节目和民间绝活。节目以娱乐、搞笑、喜庆、互动为特色，融入许多网络元素，是极具民间风情的综艺晚会。《民晚》播出的几年时间里，受到全国的广泛关注。2009年优酷网、土豆网、百度视频、酷6网、56网、凤凰宽频、PPS、PPTV等多家网站同步直播，使得《民晚》拥有了更广泛的收视群体。节目给老百姓提供了一个展示的平台，在晚会前期向全社会展开“该我上场了”优秀节目征集活动。《民晚》像是春节文化的一桌小吃，带给观众回归自我、回归民间的视听享受，满足了老百姓的文化需求。

《2006全球华人春节网络联欢晚会》是我国首次举办的网络春节晚会，它开启了网络晚会的潮流。该晚会由中国网、新浪网、大河网以及网库黄页等四家网站联合举办，koook音乐网负责承办，所有节目均从网上征集而来，富含平民元素。另外，2008年新浪的播客春晚，共有六场晚会，吸引了近200位艺人，多位网络红人参与其中，受到网民追捧，成为鼠年春节前后影响最大的网络活动之一。电视与网络合作办春晚开始于2010年，北京电视台、新浪网和中国移动共同打造了首届《北京电视台网络互动春节联欢晚会》。晚会由电视、网络和手机三大平台共同播出，共播出七场，分为北京电视台第一会场和新浪网第二会场，北京电视台的主持人春妮、刘婧、曹扬、龚宁、赵宁、董路分别在两个会场担任主持工作。这场春晚的节目创意、演员、导演和主持人也都由网民投票产生。一年后，中央电视台《网络春节联欢晚会》也拉开帷幕。主持人由董卿、杨帆、撒贝宁、王小丫、王小骞、季小军、张蕾、任鲁豫、管彤担任。节目既有当红明星、网络达人，也有上班族、环卫工等普通百姓，此后历年的《网络春节联欢晚会》成为习俗延续至今，而且形式上凸显“互动性和全球化”，运用网络视频连线、微博互动等手段，将全球华人华侨融入其中。

第四章

当代播音主持艺术的发展困境

第一节 传统媒体播音主持在新媒体冲击下的困境

一、新媒体对传统媒体播音主持的冲击

在融媒体时代，网站、移动客户端相继推出视频节目，并且拥有了自己的播音员主持人。融媒体不仅带来了媒介环境的变化，还带来了受众分化、信息接收和传播内容的变化，传统媒体播音主持，尤其是电视新闻播音主持面临新媒体多样化、风格化、创新化带来的机遇与挑战。

融媒体时代，受众获取新闻的方式发生了很大的变化，不再只依赖于电视、广播，而是根据自身实际需求获取新闻，选择适合的媒介关注新闻信息。受众的分化影响了新闻节目的收视率，也使得传统媒体播音员主持人的关注度有了一定程度的下降。

与新媒体相比，传统媒体播音主持的环境是比较专业和独立的，但由于传统媒体的权威性、严肃性，播音主持的风格比较单一，几乎千篇一律，缺乏个性。再加上电视新闻制作流程的特殊性，导致播音主持自身具有一定的局限性。

在融媒体背景下，一个新闻事件的发布、评论、信息传播等环节都不再是新闻工作者的专利，很多受众都可以参与进来，而且受众参与新闻的意识越来越强，甚至可以说，每一个受众本身就是一个自媒体，这样一来，电视新闻播音主持的主流话语权就变得越来越弱。

二、传统媒体在新媒体冲击下的反思

新媒体作为新兴的信息传播渠道，对传统媒体构成了较大的冲击，从另一个角度而言，也带来了一系列充满挑战与机遇的局面。这种变革给传统媒体带来了多重困境，如用户流失、发行量下降以及广告收益减少等问题。然而，正是在这种压力下，传统媒体被迫不断进行自我反思与转型，以适应这个新媒体时代的变化。

在这一背景下，媒体行业越发认识到必须面对多元化的挑战，媒介融合和网络化已成为当务之急。竞争的压力迫使传统媒体必须且急迫地提升竞争力，不断创新节目内容，扩大市场受众，寻求新的盈利渠道。传统媒体需要不断调整自身的定位，充分发挥在深度分析、质量报道等方面的优势，以在激烈的竞争中占据一席之地。

传媒集团的崛起、媒体融合的推进以及节目内容的创新，都是传统媒体积极应对新媒体冲击的举措。同时，传统媒体也在不断思考如何更好地连接市场及受众，提升节目的吸引力，保持良好的社会影响力。通过自身的优化完善和不断的技术创新，传统媒体在新媒体时代依然具备持续发展的潜力。激荡、变革、兼并、重组，从来没有一个时代像现在这样热闹喧嚣，也从来没有一个时代像现在这样扑朔迷离。①

① 孙嘉蔚.浅论新媒体时代对传统新闻传播行业的冲击以及建设建议［J］.新闻传播，2022（24）：32-34.

新媒体和传统媒体各自具备独特的优势。新媒体具有迅速的信息发布和更新能力，强调开放性和互动性；传统媒体则在信息内容的权威性、公信力以及原创性方面拥有独特的优势。这两者的融合和互动已成为媒体发展的必然趋势。这种融合不仅涵盖了技术和传播模式的结合，也包括了盈利方式的创新。新媒体，如博客、微博、微信公众号等，通过双向反馈机制，更好地满足了受众需求。而传统媒体则能够借助新媒体的渠道，更广泛地传播信息。综合考虑，媒体的未来发展离不开新媒体和传统媒体的紧密融合，这种模式可以更好地适应信息时代的需求和变革。

媒体的价值在于为受众提供全面的服务，无论是传统媒体还是新媒体，满足受众需求是确保市场份额和盈利的基础。

传统媒体在品牌、资源、专业团队和信任方面具备独特的优势，在确保新闻的真实性和客观性上扮演着权威的角色。其在新闻报道的深度、广度、社会公信力以及社会责任方面拥有特殊的地位，尤其在严肃性新闻领域。尽管新媒体的崛起影响了传统媒体的市场份额，但新媒体往往提供的是速食式的“新闻快餐”，对传统媒体的内容依赖性相对较高。人们更倾向于信赖传统媒体，因为其在信息发布方面呈现出更高的专业性。传统媒体应当充分利用自身的优势，积极探寻更大的发展机遇。

三、如何应对新媒体的冲击

（一）新媒体的具体优势

1.信息海量

新媒体依靠互联网，能在短时间内向用户提供丰富的信息资源。只需简单搜索，即可快速、轻松地获取所需信息，这对受众而言无疑具有极大吸引力。

2. 互动形式灵活

相较于传统媒体单一的互动方式，新媒体的互动呈现更为多样且富有灵活性。新媒体的互动形式涵盖了文字、图片、视频等多种元素，以丰富多样的方式吸引着受众的目光，进一步促进了双方的互动。通过诸如微博、微信等平台，受众能够自由表达个人观点和想法，凸显了新媒体灵活多样的互动特质，也更容易赢得消费者的认同。

3. 渗入生活的每一个角落

现今，新媒体拥有丰富的信息来源，同时在信息传播方面发挥着关键作用，借助其手段，信息已渗透人们生活的方方面面。

通过新媒体，人们获取信息的过程不再受时间和地点的约束，每个人都能依据个人情况达到获取信息的目的。更为重要的是，新媒体也被广泛运用于处理公务、购物、社交等方面，极大地增加了人们生活的便捷性。

（二）传统媒体应对新媒体冲击的途径

1. 建立自己的传播网站

在维持自身生存的挑战中，传统媒体很难独自成就，唯有与新媒体紧密合作，方能改变现状。将采集的信息通过网站向受众传递，以最有效的方式进行推广，这不仅是传统媒体向新媒体的过渡，更涉及创造一种全新的、跨媒体的营销模式和经营方式，从而为传统媒体的持续生存注入活力。因此，建立自己的网站变得尤为必要。

2. 拓宽信息渠道，提升自身形象

传统媒体在经营和发展的过程中，需要拓宽信息传播途径，巧妙整合集团内丰富的资源，并充分发挥采编团队的专业优势。通过这种方式，可

以充分利用信息源的整体规模和传统声誉，提升媒体形象，最终实现自身利益的最大化。

3.建立视频网站，实现跨地区发展

相较于文字和图像，视频因为具有形象和生动的特点，更受人们欢迎。因此，传统媒体有必要建立自己的视频网站，并积极开展跨地区发展。这项举措不仅可以增强媒体的信息传播能力，还能提升其经营实力，逐步实现多媒体的一体化发展，有助于传统媒体的长远壮大。总的来说，传统媒体需要根据自身的实际情况应对新媒体的挑战，从而在信息时代中持续前行、不断壮大。

第二节　文艺文学节目播音主持创作中的突出问题

文艺文学节目因其强烈的可听性和丰富的审美情趣，在广播节目中具有一定份额。如何在播音主持创作中既表现出热情，又恰到好处地呈现这类节目，是播音员和主持人不可或缺的技能。然而，文艺文学节目播音与主持稿件的内容丰富，要掌握其有声语言表达并非一蹴而就，需要在实际工作中不断摸索和磨炼。据此，笔者将在文艺文学节目的播音与主持实践中体会到的几个容易出现的问题进行归纳分析，借此与播音主持界同人共同探讨。[①]

一、见字生情，重音泛滥

在文章中，各个词语或词组并非完全处于平等的地位。对于那些重要

① 韩米.播音主持艺术创作的思维运用研究［D］.南昌：南昌大学，2019.

的、核心的词语或词组，在播音与主持时需要特别强调，以明确地传达具体的语言目标和情感。这些被强调的词语或词组被称为重音。重音的选择应当从整篇稿件的角度出发，以句群的层次衡量，确保重音少而精。然而，在文艺文学稿件的播读中，播音员和主持人可能由于情感充沛而在一些词语上产生情感共鸣，这就可能导致过度强调重音，使重音在整体中过多显露，从而影响文章的平衡与清晰。

二、轻视词的轻重格式，缺少斟酌

在汉语普通话中，双音节或多音节词存在约定俗成的轻重强弱差别，即词的轻重格式。具体来说，分为轻、中、重三种音节。轻，指的是短而弱的音节；重，指的是长而强的音节；中，指的是介于两者之间的音节。双音节词分为中重、重中和重轻三种格式，其中以中重格式居多；三音节词分为中重、中重轻和中轻重三种格式。在文艺文学节目的播音主持创作中，准确运用词的轻重格式成为至关重要的要素之一。这种格式要求不仅直接关系到词意和情感的表达，更影响着听众的听觉感受以及整个节目的品位和意境。特别是在文艺节目中，审美的体验十分重要，因此播音员与主持人需要特别关注并巧妙运用轻重格式，以确保节目的质量和效果。只有严格遵守这一规范，才能在呈现词语的声音时达到情感和意境的完美表达，进而获得听众的欣赏与共鸣。

三、简单地按照书面语中的标点符号安排停连

停连是有声语言中声音的中断和连接，它在语流中类似于书面文字中的标点符号，但不能简单地被视为书面标点符号的等同物。播音员与主持

人在创作中不应套用书面标点的规则，而应该根据有声语言的表达方式和听众的习惯，自信地重新决定停连的位置，以确保语音的连贯性和听众的舒适体验。

四、一味强调声音特质，忽视稿件内容

声音是播音员与主持人的创作工具，扎实的嗓音是创作的基础。但在播音与主持的成功创作中，嗓音只是整体表达的一个组成部分。成功的播音与主持需要将多个要素综合运用，包括良好的嗓音、充分的准备、积极的创作状态以及娴熟的语言表达技巧等。然而，创作的关键在于通过声音传达对稿件的理解和感受。声音应与内容融为一体，而不应仅仅是单纯的声音炫耀。声音的灵魂在于理解和感受，这两个元素的缺失会使声音变得空洞无物，从而无法引起受众的欣赏。因此，在播音主持创作中，理解和感受的准确传达是实现深入观众体验的关键。只有将声音与情感融为一体，将嗓音的优势与内容的表达相结合，才能实现声音艺术的最高境界。

五、盲目模仿，刻意做作

在播音主持的创作过程中，保持真实的声音和风格至关重要。要避免刻意模仿或过度包装，因为每个人的声音都是独一无二的，带有独特的特色和个性。发声应该建立在个人的客观条件基础之上，找到最适合的声音和发音状态，而不是盲目地效仿他人。刻意模仿不仅违背个人声音的本质，还可能引发不良发声，阻碍创作发展，甚至导致喉部健康问题。

在文艺文学节目播音主持创作中，关键要通过不断学习、探索和自我认知，逐步提升自己的水平。要勇敢地舍弃不适合的方式，勇于追求真实性和自我表达。通过积极的学习过程，播音员与主持人能够更好地理解自

己的声音特点，逐步发展出与自身特点相契合的独特风格。这样的创作过程不仅有助于提高播音主持的艺术水平，还能创作出更具优秀品质的作品，为听众带来更好的听觉体验。

第三节　播音员与主持人面临的职业困境

在今天的电视媒体活动中，播音员与主持人的角色越发凸显。他们的引导和介绍可以使观众更迅速、更清晰地理解电视节目传达的信息和意图。因此，可以明确地认为，在现代电视媒体中，播音员与主持人扮演着至关重要的角色。但是随着“全媒体”时代的到来，媒介环境发生了巨大的变化，电视节目主持人面临的工作内容和要求也发生了重大变化，在未来的职业发展的道路上不得不探索寻求新的突破。①

一、受众群体分化，“大众时代”转向“分众时代”

（一）社会多元化带来受众的分化

在社会经济和文化持续进步的推动下，不难观察到社会阶层、市场以及受众群体的逐渐碎片化趋势。这种演变带来了深刻的变革，尤其在媒体消费领域。曾经的单一消费趋势已经被多元的需求所取代，受众态度也由盲目的迎合向更为理性的选择倾斜。与此同时，个性化的社会观念不断抬头，推动着传媒从曾经的“大众时代”向如今的“分众时代”过渡。

---

① 孙雯瑀.浅析新媒体时代下播音员主持人面临的问题及解决策略［J］.知识经济，2019（24）：44，48.

新媒体的兴起为这一趋势提供了强大的动力。有了新媒体，人们在面对海量的信息资源时，便可以根据自身兴趣、背景和职业对内容进行有针对性的选择。这种高度个性化的消费模式，从根本上改变了人们对待媒体的态度，不同受众对主持人的偏好也日益多样化，凸显出了个体的独特审美和偏好。这种分化的受众群体不可避免地影响了电视节目的受欢迎程度。随着观众群体的分散，曾经大受欢迎的电视节目，如中央广播电视总台《春晚》，也面临着收视率的挑战。与此相对应的是，地方春晚和定制化节目逐渐崭露头角，成为新的热点。这些变革无不彰显出媒体领域正在经历的巨大变革，以及受众对内容多样性和个性化的追求。

由此可见，社会的经济和文化进步催生出了碎片化的媒体消费趋势，引领着人们从被动的迎合转向主动的选择。新媒体时代的来临赋予了受众更多的自主权，也推动了传媒领域的转型演进。在这个多元、分众的时代，媒体的未来将更加多样，与受众的个性需求将更加契合，这为全球媒体格局带来全新的局面。

（二）思想多元化带来受众的多元化

随着人们生活水平的不断提高，精神层面的需求逐渐成为追求的焦点。在这个背景下，电视传播也经历着重大的转变。受众不再满足于被动地接收信息，开始渴望更多地参与其中，发挥主导意识，从而在传播过程中获得更丰富的体验。电视传播在信息爆炸的时代不仅传递着大量内容，也带来了不少冗余信息，因此受众对内容和形式提出了更高的要求。他们希望能够在观看电视的过程中找到与自己兴趣和需求相契合的内容，实现个人观看体验的最大化，从而获得精神上的满足感。

当下社会的多样性导致了人们生活方式的多元化，因此对电视娱乐的要求也愈加多样。不论是新闻、综艺还是电视剧，从内容到形式，都经历了显著的升级和创新。作为大众传媒市场的受众，他们不再是简单的信息接收者，而是信息传播的重要参与者。电视媒体必须紧密关注受众的需求，深入了解何种题材能够引起他们的兴趣和注意。通过把握受众的心理需求，精准定位，满足其观看欲望，电视媒体才能在激烈的商业竞争中脱颖而出，提高吸引力和收视率。

二、栏目细化程度加深，全能型主持人面临挑战

我国早期电视节目的风格相对单一，这也直接影响了主持人的选择标准。在当时，主持人的选定更多地依赖于外貌和声音这些直观的特征，这也视为评判主持人的重要指标。声形兼备的主持人成为当时荧屏上的焦点，他们不仅能播报新闻，还能在大型节日中主持综艺节目、重要晚会，甚至能在关键活动中担任临时出镜记者，几乎涵盖了各种节目类型，被誉为全能型主持人。

然而，随着电视频道专业化和栏目精细化，全能型主持人的优势逐渐减弱。在这个新格局下，外貌和声音作为唯一的评判标准已经不再足够。主持人需要更具专业素养，深入了解自己主持的领域，并能够与特定受众建立更紧密的联系，才能在竞争激烈的电视媒体环境中脱颖而出。

（一）媒介技术挑战全能型主持人

20世纪90年代，卫星电视的普及和数字技术的崛起带来了广播电视领域的巨大发展。特别是卫星电视的普及，极大地扩展了频道规模，城市电视频道的数量最多甚至达到了三四十个。然而，迅速增长的频道数量却引发了一个问题，即频道内容的雷同性。这种现象被形容为“综合频道”，即在不同地区的上星频道中，出现了内容、节目类型和栏目定位高度相似的

情况。在这样的情境下，广播电视行业迫切需要面对挑战，寻求有效的发展方向。为了应对来自受众需求和媒介竞争的双重压力，电视业开始了专业化的探索。这意味着要将广播电视频道细分，以更精准地满足不同受众的需求。通过在不同频道上呈现特定领域的专业内容，电视台能够更好地吸引和保持受众的关注。与此同时，网络技术的高速发展也给传统电视行业带来了前所未有的竞争压力。传统电视媒体不得不重新思考自身在信息传递和娱乐领域的地位，以及如何更好地适应受众的多样化需求。这也对从前的全能型主持人提出了要求，即要想在新时代站稳脚跟，就需要不断学习，尽可能多地掌握各种媒介技术。

（二）电视栏目化和专业化挑战全能型主持人

电视节目主持人在现代社会成为备受公众关注的公众人物。随着电视栏目化的兴起，这个领域的主持人数量持续增加，形成了一个庞大而多样的队伍。这些主持人分为两部分，一部分出身于演员行业，另一部分则是非演员出身。这一多样性引发了对主持人角色的新思考，专业化在这个领域正逐渐成为一种不可忽视的趋势。

与过去相比，如今电视节目主持人扮演的不再仅仅是一个引导节目进程的角色，他们更像是活跃在舞台前的导演。他们需要在节目制作的各个环节发挥主导作用，从节目的创意构思到内容策划，再到具体执行，主持人都扮演着关键角色。这不仅需要对节目内容有深刻的了解，还要具备类似导演的控制能力，以确保节目的流畅和质量。

在电视栏目化的环境下，主持人需要的技能和素质也在逐步变化。过去，只要满足“好看”和“好听”等基本标准就足够。如今，主持人必须更为专业。这并不要求他们在所有领域都成为专家，而是要求他们熟悉并热爱节目所涉及的专业领域，能够不断学习和深入了解，以保证节目的质量和受众的满意度。

由此可见，电视节目主持人作为公众人物，面临着电视栏目化和专业化趋势带来的新挑战。他们不仅需要具备吸引观众的个人魅力，还需要深刻了解节目内容，具备导演般的控制能力，以适应快速发展的媒体环境。在这个不断变化的领域中，主持人的专业素养和全面发展变得越发重要。

三、综合因素叠加，主持人荧屏生涯缩短

（一）电视节目的荧屏寿命短

电视节目的荧屏寿命直接影响着主持人的荧屏生涯。尤其是电视娱乐节目，其短寿的主要原因在于盲目追求模仿和缺乏创新，造成严重的同质化现象，进而导致观众很快产生审美疲劳。这种现象在电视产业中尤为常见，其中部分大型综艺节目获得成功后，模仿风潮就会随之而来，造成行业内的同质竞争。这种同质化现象不仅令观众感到乏味，也限制了节目和主持人的创新空间，从而进一步影响了他们的荧屏生涯。主持人在这种同质化竞争中往往难以建立独特的风格和个人形象，仅仅跟随模仿的风潮，很难实现长期稳定的发展。解决这个问题需要电视产业的整体反思，注重创新和多样性，为主持人提供更广阔的发展空间，使他们能够在荧屏上展现个人特色和专业素养，从而实现更长足的职业进步和发展。

（二）行业体制存在缺陷

许多中国知名主持人在成长成熟后通常会兼任行政职务，这种情况下，

他们需要承担沉重的任务和高压力，工作常常是不间断的，有时甚至无法保障休息时间，更无暇进修和自我提升。这种情况导致他们难以适应社会的迅速发展，渐渐与前台主持的角色产生脱节。

在中国电视行业当前的机制下，能够提供给成名主持人的只是行政职务，并非能够持续展现职业才华的舞台，这也导致他们丰富的情感积累和日益成熟的主持风格得不到充分发挥。

（三）播音员与主持人的整体素质不理想

随着我国广播电视事业的迅速发展，广播电视的改革实践中诞生了许多新的节目形式，丰富了广播电视的节目内容。我们是在社会实践中不断进行总结和研究的，因此，广播电视学术研究在这几年也取得了丰硕的成果。但是相比之下，广播电视的理论建设和队伍建设滞后于迅速发展的改革实践，总是在“摸着石头过河”，走了不少弯路。特别是地方电台、电视台在频道、频率专业化、分众化发展的过程中，节目量成倍增长，为适应工作的需要，他们引入了大量人才。在这一过程中，难免出现人员素质参差不齐的情况。原广播电影电视部副部长刘习良同志曾总结，播音员与主持人的整体素质不理想主要存在这样几方面的原因：一是政策理论水平不高；二是思想修养、认识水平不高；三是文化根基不厚实；四是语言基础不扎实；五是驾驭全局的魄力不足，应变力不强。

这些除了与主持人自身有关，还存在一些客观原因，主要是与我们的业务指导思想和目前的管理体制有关。

20世纪80年代，我国引进了主持人节目，但是对这种节目形态的研究还不够深入。从形式上看，这类节目中传播者（播音员、主持人）的语言形态有了明显的变化，所以目前我们对主持人的研究主要就是围绕语言应用方法问题展开的。这项研究很有价值，也是十分必要的。但我们必须承认这样一个事实，任何广播电视节目的变化都是一种传播活动，传播活动都需要追求传播效果。主持人的传播活动已经超出了应用语言学的范畴，忽视这些活动规律，就会导致实践中的盲目。我国这方面的学科建设还不够完善，这项社会实践也需要更为有效的指导性意见。与此相关，目前社会上正兴起一种盲目办学的风潮，一个省份可能有数所高等院校提供从专科到本科的播音与主持专业，每年的招生规模都超过数百人。然而，大部分学校，尤其是私立学校，都是在没有充分准备教材、没有资深师资团队、没有必要实验设备的情况下开设的这一专业。这样培养出来的人才可能并不是未来我们需要的主持人。因此，这种状况可能会加剧专业队伍整体素质的下降。

四、节目创新能力不足，同质化严重

（一）电视节目模仿成风

如前所述，近年来，随着市场经济的推进以及中国电视产业的迅猛发展，各个电视台之间展开了激烈的竞争。然而，节目同质化以及主持人同质化的情况使这场竞争变得难分优劣。例如，中国台湾地区的《非常男女》节目在获得大陆观众的认可后，很快引发了全国各省市电视台模仿的热潮，十多个类似的婚恋节目迅速上线。另外，目前我们看到的许多节目，都源自其他国家的电视节目。例如，《舞动奇迹》和《名声大震》的节目形式来自英国BBC，备受欢迎的《奔跑吧，兄弟》来自《Running Man》，《生存大挑战》则来自《幸存者》。

电视行业发展的一般规律是“百花齐放”和“百家争鸣”，这应该是实现电视行业健康发展的关键。然而，当前的电视节目生态却表现出了模仿盛行的趋势。只要有一种节目形式获得成功，其他电视台便会迅速跟进。

（二）同质化成为避风港

电视节目作为一种文化产品，其受欢迎程度常以观众接受程度为评价标准。因此，衡量电视节目是否成功常常需要根据市场接受情况进行评估。这就意味着节目创新在实施过程中可能面临市场风险。因此，各电视台在策划和执行节目时，常常选择模仿的方式，以期减少潜在风险。

于是，电视节目同质化的现象越发普遍，特别是在新闻和娱乐节目领域。比如，新闻节目主持人都严肃、知性；娱乐节目主持人都声情并茂……这一现象已经引发了广泛关注。同质化现象使许多电视节目在内容、形式和风格上趋于雷同，最终导致了主持人创新能力的不足。主持人作为节目的关键角色，其创新与独特的才华对于提升节目品质至关重要。同质化的节目呈现常常限制了主持人的发展空间，使其难以在节目中充分展示个人特色和创意。这种情况可能导致观众产生审美疲劳，观赏同质化的节目内容时感到乏味，并逐渐失去兴趣。而观众对于新鲜感和创意的追求是驱动电视节目成功的关键因素之一。同质化的节目难以满足观众多样化的需求，就会导致收视率下降，进而影响节目的持续性和影响力。更进一步，这种同质化现象可能会使职业发展中的主持人遇到瓶颈，难以在同质化的环境中脱颖而出，主持人的影响力和发展前景也会受到限制。因此，有必要认识到电视节目同质化带来的问题，并努力寻求创新的途径，以保持节目的活力和吸引力。定位准确、风格独特的主持人，有助于提高节目的独特性，吸引更多观众，并创造更广阔的职业发展机会。

第四节　播音与主持专业人才培养的现状与困境

一、播音与主持专业人才培养的现状

（一）学科定位

学科定位是学科建设与发展中的关键要素，直接影响着学科的研究领域、目标、方法以及未来发展方向。只有充分明确播音与主持专业的学科定位，才能使学科建设更加理论化、具体化、体系化和有针对性，从而实现学科的可持续发展。中国播音主持学科体系日趋完善，这一进程的重要里程碑是1994年北京广播学院出版社出版的《中国播音学》。这部著作的推出进一步夯实了学科的基础，强调了明确学科定位对于学科稳健发展的不可或缺性。

播音学科作为边缘学科，融合了多个学科领域（如新闻学、广播电视传播学、语言学、心理学、社会学等）的要素，拥有独立性却不可避免地受制于其他学科。其理论的发展紧密联系于主流学科的深化，因为学科的边缘性驱使着它与其他学科协同发展。这种协同发展不仅促使播音理论紧跟时代的发展步伐，还使其能够汲取其他学科的新鲜思想和方法，实现自身的不断革新与创新。播音学科的边缘性既赋予了其独特的发展路径，又使其与其他学科的互动成为必然。因此，只有适应时代潮流，与其他主流学科相互促进，才能在不断变化的学术环境中不断发展。

中国播音学科的发展受到历史和实际播音实践的双重影响，融合了时

代的变革与行业的需要。在时代的引领下，播音专业的学科定位一直处于持续演变之中，多方面的观点难以达成一致。

播音与主持专业的本科层次定位于艺术类专业。1998年，教育部在《普通高等学校本科专业目录》的第三次修订中，对原有的播音专业进行了调整，更名为“播音与主持艺术专业”，并将其纳入了艺术学的范畴。2011年，教育部和国务院学位委员会公布的《学位授予和人才培养学科目录（2011年）》将艺术学从原来的文学门类中分出，使其成为一个独立的学科门类，学科门类的数量增至13个。随后，在2012年教育部第四次修订的《普通高等学校本科专业目录（2012年）》中，播音与主持艺术专业在相应的调整中被明确定位为戏剧与影视学类下的一项专业，纳入了五个一级学科之一的33种专业之中。

然而，在研究生层次上，教育部对播音与主持专业的定位与本科存在分歧。在博士研究生和硕士研究生层次，播音与主持专业的不同方向被划归到语言学与应用语言学专业下，直到2004年才被整合为一个二级学科，归入新闻传播学这一一级学科下的广播电视语言传播专业。由此可见，播音与主持专业的学科定位一直难以达成统一。

播音与主持专业的学科定位主要以艺术学、语言学和新闻学这三大学科为基础，但不同的观点可能带来不同的界定。然而，值得注意的是，不论是国家标准、教育体系的规定，还是专家学者的观点分析，学科定位的多样性不仅反映了播音与主持专业的边缘性，更凸显了时代发展的不同需求。这种多样性赋予了播音与主持专业教育独特的学科侧重和专业定位，形成了一种富有时代特色的学科面貌。

（二）招生现状

以本科层次来说，只有将播音与主持专业纳入艺术学门类，才能满足其提前进行专业招生测试的条件。播音员和主持人作为镜头前和荧屏上的职业人士，无论何时，都需要满足特定的相貌、体态、语音等要求。通过将播音与主持本科专业置于艺术学门类之下，教育系统才能够为播音与主持专业的招生提供艺术类的招生渠道。

近年来，播音与主持专业的报考呈现出越发猛烈的态势。以中国传媒大学播音与主持艺术专业为例，2023年，全国近五万名考生参加初试，而复试报录比高达180∶1。与此相似，浙江传媒学院播音与主持专业2023年的初试报名人数更是超过了十万人，堪称“百里挑一”。在当前高等院校扩大招生规模、高等教育大众化的背景下，各级别、各类型的高校都纷纷推出了播音与主持艺术专业或相关方向。除了受高校商业化因素的推动，也受到一些功利性因素的影响。以中国传媒大学为例，2023年的招生简章表明，该校播音与主持艺术专业每学年学费为8000—10000元，而普通非艺术类专业的学费在每学年5000元左右。这就意味着，对高校而言，招收一个播音与主持专业的学生相当于招收两名普通专业的学生。考生与高校之间这种功利性需求已严重改变了正常的专业教育生态。

经过多年的发展，播音与主持专业已经向传统广播电视行业输送了大批专业化的一线播音主持人才，满足了不同时期传统广播电视业务的增长需求。“北有北广，南有浙广”这一说法凸显了这两所高校在现代播音主持教育中的重要地位。从最初每年几十名毕业生，到如今的数以万计，从中文播音技能培养的初衷，到如今多元模式、多维度、多平台的播音主持人才培养，播音与主持专业已在我国文化产业中确立了高端产业的地位。

（三）课程设置

根据本科教学的要求，课程体系应分为三个部分，分别是公共平台课、专业必修课和专业选修课。

公共平台课是指根据教育部制定的学科门类和本学科教学标准所规定的通用课程，着重强调基础文化素质教育和思想政治教育等方面的内容。这一部分涵盖了固定的文科基础课程，保持了不同院校之间的相对一致性。

专业选修课是供学生根据自身兴趣和爱好进行自由选择的课程。通常学院会开设一系列与专业相关的课程，旨在培养学生特定领域的专门技能。在积极推动复合型人才培养的今天，专业选修课的份额逐渐增加。

专业必修课是各个学校根据本专业人才培养计划的目标要求，在充分利用自身资源的基础上，有针对性地设置的专业课程。这些课程的设计必须符合该校制定的人才培养目标，同时凸显学院的办学特色。

1. 重视学生思想政治素养的培养

传统广播电视起源于革命战争时期，最初是为了服务政治目标而诞生的。直至今日，播音员和主持人在大众传播中仍然承担着引导舆论等政治使命。因此，提升播音员和主持人的思想政治素养，成为确保媒体舆论正确导向的关键要素。

2. 重视学生文学艺术素质的培养

在播音与主持专业的课程设置中，每位学生都需要参加文科大类的平台课程，特别是涵盖文学艺术素养的教育课程，如中国古典文学、中国现当代文学、现代汉语、古代汉语、外国文学等。

3. 重视新闻素养的培养

在绝大多数高校中，播音与主持专业的培养方向主要以培养新闻主播和新闻节目主持人为核心，将播音人才视作广义的新闻人才。因此，这些高校特别注重设立与新闻相关的课程，涵盖新闻理论和实践两个重要方面。

4. 重视有声语言专业技巧的培养

有声语言技能的培养在整个专业培养体系中占据核心地位，几乎所有高校的专业核心课程都围绕着《中国播音学》的理论体系展开。其中，必修专业课包括普通话语音、播音发声、广播播音与主持、电视播音与主持、即兴口语表达等，选修专业课则通常涵盖演讲与口才、节目主持艺术、文艺作品演播等。尽管专业课程在不同高校间存在一些差异，但专业课程体系是基本相同的。

（四）教学方法

教学方法是教学过程中用以达成教学目标和要求的共同方法，通常可以归纳为五类：一是传授型教学方法；二是感知型教学方法；三是训练型教学方法；四是欣赏型教学方法；五是探索型教学方法。

绝大多数高校在播音主持艺术教育中采用了“大课讲授+小课训练+课外实践”的教学模式。初始阶段，大课讲授为学生传授播音与主持理论、技巧和原则，这阶段融合了“传授型+欣赏型”的教学方法。当学生掌握了基础理论和技巧，可再通过小课实践训练进一步巩固。教师以针对性强的小课方式进行示范讲解，采取“一对一”或“一对几”的形式，这是“感知型+训练型”的教学方法的应用。最终，学生需要在实践中完成专业学位的实训任务，用假期时间亲身参与媒体实践，这阶段则是实践探索型教学手段的应用。

二、播音与主持专业人才培养的困境

（一）人才供给与业界需求不平衡

2004年，中国广播电视学会节目主持人研究会理事长白谦诚对传统广播电视播音主持行业的内部状况进行了详细的阐述：“现在我们的主持人是又多又少。多，指总量上，现在估计全国播音员和主持人的数量恐怕不少于5万人，电视恐怕得有两三万人，但有影响的、观众喜欢的主持人少。”这一说法揭示了早在十年前，播音与主持专业教育就面临着数量和质量上的严重矛盾。供不应求的问题导致“主持人少”，是因为高质量的专业培养造成了影响力强的主持人供不应求。然而，“主持人多”则意味着业界的播音员和主持人数量接近饱和状态，因此，传统广播电视行业无法承载专业教育的大规模人员输出，从而在数量上产生了供应过剩的局面。

（二）专业规模与教学资源不匹配

前教育部高等教育司司长张尧学明确指出：“教学条件、教育投资、教师队伍是提高高等教育质量的关键。”在播音与主持专业教育领域，这一问题表现得尤为显著。我国的播音与主持专业一直被归入教育部“一般控制”设置的范畴，其中除了特殊的职业性因素，更重要的是播音与主持专业是一门高度投入的领域，具备较高的办学门槛。然而，在实际的办学和教育实践中，许多高校在教学设施和师资力量等方面的配置往往无法满足所需的教育标准。

1. 教学设施匮乏

随着科学技术的迅猛发展，新媒体时代的信息传播实现飞跃发展，这成为播音与主持专业发展的重要物质基础。为满足新媒体时代的需求，高校需要培养具备相关技能的播音主持人才。这必然需要配备先进的教学设施，与行业的步伐保持同步，让学生能够在虚拟媒介平台和多媒体资源的支持下进行实践和培训。然而，现实中许多高校甚至连最基本的录音和录像设备都未能配备，这使得教学变得困难重重，无法真正做到实践与理论的结合。

2. 师资力量参差不齐

播音与主持专业除了在专业配备上需要高投入，教师队伍的业务水平和教学水平也必须相当高。随着播音主持领域的迅速升温，开设播音与主持专业的高校数量激增，师资力量在相对不足的情况下成为一个突出问题。

随着办学需求的增加，一些学校对播音与主持专业教师的要求逐渐降低，这导致师资质量出现问题。而播音与主持专业的教师资源有限，但招生人数持续增加、专业规模持续扩大，这就形成了与教学力量不平衡的矛盾。播音与主持专业的师资队伍构成比较复杂，主要有几类情况。一类是业界一线播音员和主持人。许多学校刚开始办学时常常缺少自己的专业教师，因此只能通过外聘解决专业课程。这些外聘教师通常在传统媒体领域有丰富的实践经验和深厚的业务技能。然而，播音主持是一个融合艺术和科学的学科，它拥有独特的理论体系和教育模式。虽然实践经验传授对于教学有益，但无法完全替代专业理论知识的传授。同时，由于外聘教师可能同时从事行业工作，教学时间较不稳定，这也给专业教育的发展带来了挑战。另一类是播音与主持专业的优秀毕业生。由于专业教师门槛逐渐降低，许多毕业生毕业后直接从事教学工作。然而，这些教师缺乏媒体实践经验和操作技能，难以适应媒体领域快速变化下的需求。还有一类是从相关专业进修后转向播音主持教育的。这些教师可能具备较强的学科基础，但仍需要不断适应专业的特点和教学需求。这部分教师不但没有进行过全面系统的理论知识学习，而且也缺乏相应的实践经验，既缺乏理论性又缺乏应用性，难以胜任教学工作。①

（三）目标定位与时代发展不符合

1.学科定位的混乱

播音与主持专业呈现出明显的边缘性，其涵盖范围包括语言学、新闻学、艺术学、公共关系学、传播学、社会学、广播电视学、心理学等多个

① 娄原菁.全媒体视域下高校播音主持人才培养变革研究［D］.郑州：河南大学，2019.

学科。然而，对于该专业的学科定位，不同机构存在多种标准，导致专业发展缺乏整体性和系统性。不同高校关注点不同，有的偏向语言培养，有的注重新闻素养，还有一些将播音与主持专业和礼仪文化专业画等号。

在学术界，播音与主持专业的学科定位问题一直存在较大的争议。

一派观点是将其定位在新闻学科范畴。很多学者和高校采取这种学科定位，主要是因为许多高校缺乏独立的专业培养方案，通常会效仿“北广模式”。然而，这种模式未必符合实际需求，因为在20世纪80年代后期至90年代，播音领域开始不断出现新的形式，如服务类主持和综艺类主持，导致此种模式失去广泛的适应性。

另一派观点将其定位为应用语言学科，因播音与主持专业强调有声语言技巧的教学，诸如普通话语音、口语表达等课程均属于语言应用范畴。然而，不应仅将有声语言应用视为播音主持的全部，因为其职业性质和服务对象都具有独特性。播音员和主持人的起源与政治和新闻密切相关，是广播电视有声语言传播工作者。因此，其研究对象不仅限于“语言”本身，而是涵盖有声语言传播的全过程。

另外，还有一派观点将其定位为艺术学科。从学科的起源看，中国的播音与主持学科最初是由资深教师从艺术学中的戏曲话剧和说唱等方面构建而成，这使得其在学科发展初期就具备了艺术性。然而，将播音与主持直接归属于影视与戏曲艺术范畴，则忽视了其政治宣传、文化传播等独特性质。播音与主持的任务不仅仅是艺术鉴赏，它的职责从服务阶级斗争到满足人民群众不断增长的文化需求，再到适应新媒体时代的发展需求，都体现了其传播特性。

2.培养目标的脱节

人才培养目标具体呈现为各级各类教育机构中的专业教育目的，它为特定社会领域和特定社会层次的需求所塑造，是学校和专业教育对受教育者规格和质量的明确要求。因此，不同学校在制定播音与主持专业的培养目标时应深入研究社会对播音与主持专业人才的需求以及从业要求，进而打造相应的人才培养模式。

通过对比分析新媒体时代的从业要求和专业培养目标可以看到，高校的培养目标与时代发展脱节，表现在培养范围狭窄、培养方向单一等方面。

（1）培养范围狭窄

我国播音与主持专业教育经过几十年的发展，从初期的萌芽到逐渐成熟，如今正步入全新的发展时期。然而，当前制约播音与主持专业教育进一步发展的主要因素之一在于培养思路受限。播音与主持专业最初根植于广播播音，之后随着电视播音的兴起而逐步发展。而整个学科体系则建立在《中国播音学》的基础上，以满足传统广播电视领域的需求。然而，随着媒体时代的不断演进，融合阶段带来了多元媒介的新浪潮，传统广播电视受到新媒体的冲击，陷入了相对的停滞。过去单一面向传统广播电台和电视台的培养模式明显无法满足现今不断扩展的媒介发展需求，这直接导致了播音与主持专业人才教育的局限性。

（2）培养方向单一

受历史因素和观念的影响，我国广播电视节目长期以来更加强调政治职能，导致文化职能较为局限，节目形态相对单一。这种情况也导致高校长期以来几乎专注于培养新闻类播音员主持人。即使在20世纪80年代，广播电视栏目开始呈现多样性，不同类型的主持人出现，但播音与主持教学仍未随着时代变迁做出相应调整，直至今日，依然显现出“重播音、轻主持”的特点。

在从业要求方面，播音员与主持人要有出色的即兴评述能力、即时互动能力、个性化表达的口语传播能力，精通舆论领袖的精英话语能力，具备新媒体创新内容生产能力以及同时打造个人媒体品牌的能力。五大人才特征包括即兴口语表达好、即时互动能力强、专业知识储备深、媒体创作技能全、个人品牌色彩丰。这说明仅仅以新闻播音为主的培养模式已经无法满足多元化和个性化的从业要求。在西方国家，播音主持一直以视听节目的核心存在，主持人在节目中的角色远不仅限于“有声语言工作者”，还有节目内容生产的思考者、策划者、协调者和呈现者。在新媒体时代追求快速、新颖、准确的价值目标下，播音员与主持人需要更进一步成为整个节目制作过程中的重要参与者，展现自己作为思维者、策划者和执行者的多重角色。

（四）能力培养与从业要求不接轨

高等院校的培养目标代表着其人才培养的指导原则，然而真正的效果会在实际操作和能力培养过程中体现出来，即实际人才的产出。中国新闻教育学会前会长何梓华教授对这一现状做了描述：“新闻媒体需要的，高校供应不上；新闻媒体不甚需要的却在大量培养。”这指出了高校培养出的播音与主持专业人才未能满足行业需求的问题，其原因可以归纳为培养过程中的三个方面问题。

1. 偏重朗读

在融媒体时代，播音员与主持人需要拥有出色的口语传播和沟通交流能力。然而，我国的播音与主持专业教育长期以来并未充分重视口语传播和沟通交流能力的培养，这是一个需要解决的问题。我国的播音与主持专业在学科建设上独具艺术性，它是从中国的戏曲、声乐、话剧等领域中汲取养分构建而成的，这使得其具有明显的艺术性倾向。在教学方面，侧重于培养声音技巧，强调声音是否悦耳、圆润、饱满、动听，却忽视有声语言在传播过程中的表达作用和效果，这导致毕业生在实际工作中可能无法流畅地表达观点，也无法在应对紧急情况时灵活运用语言，使他们在某种程度上仅仅成为信息的“传送者”。

2.偏重播音

《中国播音学》是中国播音与主持专业教育的学科基础。播音的兴起早于主持约40年，然而在学科发展中，主持领域并没有独立的理论和体系，而是以播音学的基础理论《中国播音学》为指导。这一问题一直存在盲区。该书于20世纪80年代开始编纂，当时我国的“节目主持人”刚刚兴起，它无法满足主持传播的理论需求，更谈不上为主持人的实践提供指导。我国主持人在公众观念中有时被看作“播报员”、“花瓶”或“播讲机”，这与长期以来将主持人培养纳入播音员的专业体系有关。

“虽然在节目主持过程中多使用谈话，但它毕竟是播音的一种形式。”这是过去常见的解释。在国外，“播音”很少作为一种职业形式的称呼，通常将播音员与主持人统称为“主持人”。在媒体融合的潮流下，尤其在新媒体时代，媒介、节目和内容的多元性决定了主持人应具备多元性，而播音只是主持的一种形式。

3.偏重艺术

最初，播音与主持学科理论借鉴自艺术学，因此其自身具备艺术性。长期以来，播音与主持专业被归入“文学类”或“艺术类”专业，对多媒体技术应用、新媒体技术应用等业务操作技能的涵盖甚少。只有少数院校针对电视节目制作设立了“电视画面与摄像”“电视编辑与制作”等课程。

然而，科技的不断进步推动着社会的发展，数字技术的迅速发展使得各种新的传播方式不断涌现。在新传媒时代，只有掌握全新的传播技能和制作手段，才能够在信息竞争中以最高质量生产内容，并以最快速度传播信息。播音与主持本质上是一种内容生产的方式，因此，在播音与主持专业教学中，不应仅依赖艺术性，还需要注重每个环节中内容产制技能的培养。

第五章

新时代播音主持艺术的改革

第一节　新媒体环境下播音主持艺术的改革

一、存在的问题

新媒体指的是在新的技术支持体系下涌现出来的媒体形式，包括数字杂志、数字报纸、数字广播、手机短信、桌面视窗、数字电视、数字电影、移动电视、网络、触摸媒体、手机网络等。与传统的报刊、户外广告、广播和电视这四大媒体形式相对应，新媒体被形象地称为“第五媒体”。新媒体的革新除了体现在技术上革新、形式上革新，更重要的是理念上革新。新媒体环境下播音主持行业从业人员的主持方式、知识储备、主持风格等方面存在一些问题。①

（一）主持方式单一

目前，部分播音主持行业从业人员在日常工作中采用单向的、灌输式

① 罗香玉.播音主持艺术专业教学改革途径探析［J］.科教导刊（下旬），2016（3）：33-34.

的主持方法，节目强调按照统一的进度、统一的内容按部就班进行，较少与观众互动。很多观众是被动地接受，节目过程中缺乏必要的互动交流机会。新形势、新媒体下的播音主持要求主持人、播音员在说话方式、采访方式甚至形体体态上要有所改变。显然在目前的节目主持过程中，部分从业人员还没有注意到这个问题，这就造成其节目存在互动性不强等问题。

（二）知识储备不足

播音主持是一个非常专业的行业，其从业人员会系统学习“普通话语音和播音发音”“语言表达”“广播播音主持”“电视播音主持”等专业基础课和专业课程，受专业的培训和教育。但是，部分从业人员缺乏政治、经济、文化、社会等方面的知识储备。在节目主持的过程中，部分从业人员能很好地完成本专业的节目主持和录制，但是如果涉及其他行业的专业知识，他们就会有所欠缺。新形势下的播音主持行业牵涉的范围广、行业多，这就要求从业人员除了要熟练掌握和应用本专业的知识，还要具备全方位、多学科的学科知识。

（三）缺少独特的主持风格

当前，播音主持行业日新月异，竞争非常激烈，这使得从业人员在能力和主持风格方面面临着更具挑战性的要求。部分播音主持行业从业人员在日常的工作中，还没有培养出自己独特的风格，他们的节目会逐步被替代或更换。信息社会下的播音主持行业从业人员只有树立独特的风格才能被观众或者听众铭记和接受。

（四）即时口语表达能力不强

播音与主持专业要求从业人员具备良好的语言表达能力，能在不同环境下完成不同角色的转换。而部分播音主持行业从业人员重朗读、轻口语表达，即时口语表达能力不强。在新媒体时代，信息传播越来越便捷，节目录制时间大大缩短，直播节目也越来越多。从业人员在主持节目的过程中不可能再如以往一样“照本宣科”，其自身必须具备良好的即兴口语能力进行即兴的有声语言创作表达，才能适应新媒体的发展需求。

（五）缺乏对新传播媒介的认识

部分播音主持行业从业人员受教育背景、年龄等方面因素的影响，在接触新事物，创新思维、理念，借助新的传播媒介上存在一定的差异和不足，缺乏对新传播媒介的认识。传统的播音主持模式借助电视、广播、户外广告和报刊等传统媒体进行节目的录制和传播。而近年来，随着数字报纸、数字广播、桌面视窗、数字电视、数字电影、手机短信、移动电视、网络、触摸媒体、手机网络等新媒体传播方式的迅猛发展，新媒体在播音主持领域的节目录制和传播方式上呈现出多样化的趋势。比如，现在流行的短视频、直播等，都是通过移动终端、网络等方式进行传播。播音主持行业从业人员除了利用传统的媒体，还要多接触新的传播媒介。

二、改革与发展策略

（一）转变行业理念，从单一式主持到双向互动式主持

在以往传统、常规的节目主持中，部分播音主持行业从业人员往往自己在台上拿着话筒，单一地主持节目或者播音。这种主持的方法比较适用于传统的节目或者新闻栏目，在某种程度上并不太适合现在新媒体下的播音主持。新媒体下的播音主持要求从业人员更多具备即时互动能力。即在

主持节目的过程中，根据主持节目要求或者现场观众的要求，采取不同方式与观众互动，而不是简单、被动地让观众接受自己的理念。播音主持行业从业人员要摒弃以往单一、简单被动式的理念，更多采用与观众双向互动的方式，活跃节目气氛，调动观众的积极性和兴趣，让观众参与到节目的互动中，从而在主持节目的同时，提高口语表达和互动的能力。

（二）主持方式从循规蹈矩到根据节目内容变化，增强即时口语表达能力

传统的播音主持行业，从业人员在主持节目或者播音时，可以按照事先准备的大纲或者节目顺序，按部就班地主持。新形势、新媒体下的播音主持行业，节目现场变化快，即时性比较强，这就要求从业人员在主持节目的过程中，不循规蹈矩，根据实际情况，调整自己的主持方式，同时增强即时口语表达能力，适应新形势、新媒体带来的变化。

（三）从单纯的专业知识向多学科、全方位的知识转变

无论媒体时代怎么发展变化，媒介方式如何变革更新，内容还是整个传播过程的核心要素，主持人、播音员只有在自己的领域具备更专业的知识，才能赢得观众的关注和尊重，从而走到观众的心里。新媒体下的观众对从业人员知识储备的要求越来越高。从业人员在知识储备上，除了要有必要的播音主持基础专业的知识，还要根据当前播音主持业界需求，学习不同知识，如政治经济学、心理学、教育学、美学等学科知识。另外，随着新媒体的发展，直播趋势逐渐明显，观众需求逐渐多样，这就要求播音主持行业从业人员除了需要掌握本专业知识，还需要了解政治、经济、文化、社会发展等多方面的知识，同时还要有严格的学习计划，有系统地学习和训练，这样才能适应不同环境产生的不同要求。

（四）培养自己的主持风格和个性，适应新媒体的发展

新媒体的环境对从业人员提出更多、更高的要求，他们除了要具备专业知识，还要有自己独特的主持、播音风格，这样才能吸引观众，在观众的心里确立自己的位置。比如，足球解说员刘建宏、篮球解说员于嘉、《鲁豫有约》的鲁豫，他们都有自己的主持风格。以往那种粗放型、单一的主持风格，很难迎合观众的需求。播音主持行业从业人员应根据自己的性格特点树立自己的风格，主持节目要有自己的主题和内容，与众不同，这样才能让自己主持的栏目在新媒体环境下更具竞争力。

（五）不断学习，提高素质

新形势、新媒体时代，媒体形态日新月异，触摸媒体、数字电视、数字杂志等新的媒体方式大量涌现，在促进播音与主持专业发展的同时，对这个行业的从业人员提出了更高的要求。特别对从其他专业转入的从业人员来说更是严峻的挑战，他们缺乏播音与主持专业系统的理论学习和实践经验。因此，要培养具有较高水平的从业人员，促进播音主持行业的发展，一方面，电视台、广播站等单位要不定期举办从业人员的培训，组织他们参加播音主持方面的进修，让他们积极学习先进的播音主持的专业知识，提高理论素养；另一方面，从业人员要在日常工作中总结经验，加强同事间的讨论和交流，发现问题，及时改正。总之，新媒体下的播音主持行业从业人员要明确自己的方向，不断学习，提高自身素质，争取在自己的领域不断取得进展。

综上所述，新形势下的播音主持行业从业人员要转变理念，加强与观众、听众的互动，全方位丰富知识储备，培养独特的风格，提高自身素质，这样才能适应新环境的变化。

第二节　新时代播音与主持专业教育教学的改革

近年来，在我国数字技术、互联网技术的不断创新和发展下，广播电视行业得到良好的发展，对播音与主持专业的人才需求也逐渐增加，这在一定程度上促进了我国高校播音与主持专业教育规模的扩大。但是该专业教育教学仍处于起步阶段，各个部分尚未完善，而且教学观念较为传统，严重影响了该专业的发展。基于此，本节重点从语言传递信息、直接感知、实践训练、欣赏活动等方面深入研究播音与主持专业教育教学改革策略。

一、以语言传递信息为核心，提升学生主体地位，锻炼思维能力

构建主义学习理论提出，学习需要引导学生结合自身的经验，发展新的经验。因此，在以语言传递信息为核心的播音与主持专业教育教学中，应该提高对学生已有经验的重视程度，将学生的主体价值发挥出来，改变教学模式。

（一）学生“讲课”，提升学习的主动性

不管是专业的基础课程还是文化课程，教师可以在授课之前为学生布置“讲课”任务，并提供给学生相关资料，引导学生自己通过网络、书籍等查询和查看，进一步提升自学能力和自主能力。之后，可以根据学号顺序，要求学生在讲课之前提交自己制作的讲课文档、讲课PPT等，教师对其指导、修改之后，学生可以在课堂上自己的讲课时间进行讲解，其他学

生可以进行评价和分析，还可以融入其中进行串场主持。这些活动在进一步创造活跃的课堂教学氛围，提升学生学习积极主动性的同时，可以真正将学生在课堂中的主体地位发挥出来，让学生能够认识到自己的问题，并在下一次讲课中改正和创新。

（二）开展辩论活动，锻炼学生的语言表达能力

不管什么专业、什么课程，在教学过程中都需要尊重学生的主体地位，改变以往学生被动学习的状态，促使学生主动思考和探究。对播音与主持专业而言，在教学过程中教师可以借助教材中提到的一些话题或者生活中一些常见现象等引导学生开展辩论活动，将理论知识融入辩论，起到融会贯通的效果。比如，设置“主持人不会讲普通话，是不是优秀的主持人”的辩论话题，将班级学生划分为两组，正方持“主持人不会讲普通话，也会是优秀的主持人”的观点，反方持“主持人不会讲普通话，就不是优秀的主持人”的观点。在不断举例辩论的过程中，学生也会了解到对一个主持人而言，规范普通话具有重要作用，普通话是中国通用的语言，推广普通话也是每一位媒体人义不容辞的责任，用普通话主持，才能让广大老百姓都能够听懂。另外，对于社会中出现的各种问题，学生也需要深入其中进行分析，有自己的思考。例如，设置“无线网络进教室是利大于弊还是弊大于利”的辩论话题，正方持“无线网络进教室利大于弊”的观点，反方持“无线网络进教室弊大于利”的观点。在辩论过程中，学生会明确无线网络进教室，在提升学习便捷性和高效性的同时，也会由于一些学生自制能力差，利用网络做一些与课堂教学无关的事情，降低课堂教学的效果。在激烈的辩论中，学生最终总结出，在课堂学习中，应该摆脱手机的束缚，要善于利用手机做一些与学习相关的事情，让手机为学习服务。[①]

---

① 洪玉.融媒体时代播音与主持艺术专业教学改革探究［J］.新闻知识，2021（5）：75-79.

（三）引用经典和热点，锻炼学生的评说能力

对播音与主持专业的学生而言，毕业之后成为一名主持人是最好选择。要想成为一名合格的主持人，需要具备扎实的文字功底，还要有丰富的社会常识，具有新闻敏感性，能够时刻关注国内外新闻。因此，在教学过程中，教师应该关注学生文化知识、社会常识以及新闻事件的掌握情况，以理论知识教学为重点，将经典事件、热点事件等融入教学活动，并对其进行分类处理，引导学生尝试解说和评论。例如，在文学通识课堂上遇到经典问题时，可以向学生提问著名的文学家，如李白、杜甫、苏轼等，更喜欢谁，为什么喜欢。在主持理论课堂上，教师可以让学生对最近的新闻进行评论，或者以记者的身份向著名电视剧导演提问，再或者以电影推荐的方式介绍一部优秀的电影作品等。这些问题看似简单，但是对学生思维能力、分析能力、资料搜集能力、总结归纳能力等有着较高的要求，需要学生在较短时间内构建讲述、评论框架，进而有条理、有逻辑地讲解。这个过程可以有效培养学生的迅捷思维能力，拓展他们思维的广度和深度。

二、以直接感知为核心，在多样化演示中提升学生从业能力

在播音与主持专业的教学过程中，学生可以通过教师演示、自己演示、视频演示的方式，了解节目主持的技能和方法。在多样化演示中模仿、借鉴、提炼和总结，可以形成适合自身发展的播音主持方式。在教学过程中，还可以带领学生到当地广播媒体的一线进行参观和学习，了解媒体机构的设备仪器、人员构成以及采编播流程等，进而加深学生对本专业的了解。在实习过程中，可以让学生转变角色，以主持人、记者、编辑、剪辑、策

划等身份深入节目，亲身体会媒体工作的具体内容、强度以及性质等，继而提升学生的从业能力。

三、实践训练，学以致用，提升学生的学习效率

在播音与主持专业的教学过程中，应丰富教学实践形式，为学生创造具有灵活性、生动性的实践环境，将学生的学习热情激发出来，促使其在实践中学习，在实践中运用知识，起到学以致用的效果，并提升其学习效率。

（一）客串主持，学以致用

对学生而言，文化素养是魅力、风度的一种体现。学生在日后会进入播音员、主持人等岗位，从事媒体人工作，其文化素养也决定了日后的工作能力。然而，在专业教学的文化通识课程中，学生往往对基础知识缺乏学习兴趣，如《古代文学》，学生的学习兴趣往往较低。在这种情况下，教师可以通过网络找一些将古代文学翻唱成歌曲或翻拍成电视剧的资源在课堂教学中播放。比如，播放由《诗经》中《蒹葭》改编的《在水一方》，让学生即兴客串到音乐节目、影视作品评鉴节目中，利用自己学过的文化基础知识进行节目串联，从而在客串主持中学以致用。

（二）深入实践，在亲自参与中了解播音主持艺术价值

播音与主持专业重点培养学生的创新能力和实践能力。在电视节目播音主持、广播节目播音主持等课程教学中，教师可以为学生设置项目，让其进行实践创新。在播音与主持专业课程实践的过程中，不仅需要学生在课堂中进行“说新闻”练习、即兴表演、娱乐节目训练等，还需要在演播厅内针对不同的节目进行有针对性的训练，如少儿节目、体育节

目、新闻节目、娱乐节目等。在此基础上，还要进一步在主题明确的情况下进行训练，如《我爱发明》《百家说故事》《新闻直播间》等。在实践过程中，可以将选题、策划等通过网络平台交给教师，让教师在分析和评价之后进行修改。需要注意的是，选题、策划、录制和包装编辑、后期制作等都需要学生亲自参与，以适应节目运作流程，形成主持人节目创造概念，了解播音主持艺术的价值。同时，在主持人节目创作实践中如遇到问题，可以采用协同教学模式，促使学生得到不同专业、不同行业背景教师的帮助和指导。将项目实践融合于教学中，可以在培养学生独立制作主持人节目的同时，培养学生节目创造的积极性、主动性和创新性。

四、以欣赏活动为主，多角度加强学生对知识的理解

在播音与主持专业课程教学的过程中，教师可以从多角度挖掘经典案例，让学生在欣赏和评价中加深对知识的理解，充分表达自己的看法，进而形成知识、技能和情感共同提升的三维目标。

（一）播放视频资料，引导学生即兴评述

在播音与主持专业教育教学的过程中，教师要善于利用多媒体技术手段，播放与本节课教学内容相关的视频或资料，采用寓教于乐的方式，在无形中鼓励学生，加深其对知识的理解。在播放视频或呈现资料后，要引导学生即兴评述，分享观后感，或对节目中主持人的表达风格、节目结构等发表看法。这样一来，既赋予了学生话语权，提升了学生兴趣，活跃了课堂氛围，而且在学生发表见解的过程中，还能锻炼其语言表达能力和语言组织能力。另外，要求学生在观看完视频资料之后短时间内将观后感表

达出来，不仅要能够说出来，还要说得完整、通畅，说得精妙，这进一步锻炼了学生的思维能力。

（二）节目分类，对比鉴赏

以类别进行分类，节目包括新闻类、综艺类、访谈类和社教类。其中可以选择中央台、地方台、国外电视等播音主持的经典节目，如《焦点访谈》《正大综艺》《曲苑杂坛》《艺术人生》《探索·发现》《美术经典中的党史》《王牌对王牌》《奥普拉脱口秀》等，让学生了解优秀电视节目的背景、节目运营的流程、每个节目的特点和创新之处等，在对比鉴赏中提升审美能力，进而提升创新意识和创作思维。

总之，在播音与主持专业教学的过程中，教师需要意识到创新教育的重要性，从语言传递信息、直接感知、实践训练、欣赏活动等方面对教育教学方式进行改革，改变传统教学模式，尊重学生主体地位，真正实现寓教于乐。另外，要关注实践教学，进而提升学生的主动性、创新性，发展学生的思维能力，促使学生成为复合型、技能型、应用型的播音主持方面的人才。

第三节　新时代播音主持人才培养模式的改革

随着我国经济实力的增强，人们的生活水平逐渐提高，同时科技的发展也让播音与主持有了更好的发展。近几年，我国广播电视和新闻媒体发展迅速，娱乐节目和频道广播不断增加，播音与主持行业的缺口巨大，使播音与主持专业成为热门专业之一。为了能让媒体节目的质量有所提高，整个行业十分需要播音与主持专业的高技能实用型人才。

一、融媒体时代下播音与主持专业存在的问题

（一）教学内容和方法与时代脱轨

目前，我国播音与主持专业存在的最大问题是教学内容与时代严重脱轨。在播音与主持专业的教学中，教学的内容依旧延续着传统，以播音的发声、创作和主持为主，并没有加入时代性的内容，导致学生就业后不知道应该在新时代背景下的行业中如何运用自己学会的技能。同时，受我国长期传统教育模式的影响，播音与主持专业的教学多数还是以理论基础为主，学生的实践时间较少，这样的教学方式对学生日后的工作有很严重的影响。新时代的媒体行业与互联网息息相关，传统的教学模式不利于学生养成互联网意识和思维，导致学生学习的内容和新时代专业内容是两个不同的东西，完全达不到新时代媒体行业的要求。所以，传统的教育模式严重影响着新媒体下播音与主持行业的发展和进步。目前，我国播音与主持专业的学生很少能在课堂上开口练习，在校园内实践的机会也是少之又少。不少学生为了能进行实践，会去一些艺术工作室或者大一点的传媒公司实习。但即使这样，能真正参与的也多数是专业性不强的一些边角工作，达不到实习的真正目的。

（二）实践体系、课程体系均与融媒体时代错位

为加强学生的专业能力和社会适应能力，一些高校开始在广播和艺术主持人的教育中制订校内外实践性教育计划。这确实对学生以后的就业很有帮助。但是，在融媒体时代，很多高校对相关岗位的人员需求并不完全了解，导致实际教育实践内容与实际工作内容缺乏关联性。

另外，在融媒体时代，大多数高校在不同的课程模块中增加了诸如“新媒体入门”、“网络通信入门”和“网络广播与主持”之类的课程，并相信它们是与众不同且符合融媒体时代背景下对艺术类专业教育转型的要求。但在现实中，这些课程大多十分浅显，仅是对理论知识进行简单解释，并没有深入本质，无法达到教育转化的目的。

二、融媒体时代下播音与主持专业的发展

（一）与时代接轨，培养全方面媒体人

首先，播音与主持专业的教学内容中应当加入与时代相关的内容，让学生了解如今行业和新媒体的发展趋势，并让学生明白日后从业的性质和面临的挑战。在教学过程中要尽可能地带领学生多接触新媒体软件的实践，尽可能减少传统教学模式给学生带来的局限性思维。可以让学生在课余时间开直播体会一下与观众交流的感受，也可以适当地让学生自己录制视频并剪辑发布，体验新媒体时代带来的便利和快捷。同时，在学生的社会实践和专业评价方面也应当做一些改变。人工智能的出现让播音与主持专业有了一定的危机感，在播音与主持专业的教学中要尽量对学生的综合能力进行评价，不能一味地将主持和朗诵能力作为评价的唯一标准。

（二）顺应时代，加强学生的专业素养

新旧媒体本应是互补的关系，但在实际的教学过程中，不少教师对新媒体很不屑一顾，导致部分学生认为只有进入传统媒体工作才算不白学播音与主持专业。面对这种情况，需要教师顺应时代，转变自身固有的刻板观念，从自身做起，言传身教地改变学生的看法，同时在教学内容上也应

该适当地加入新媒体教学，让学生正视新媒体行业、了解新媒体行业的发展前景。具体来说，要在教学中把握新闻的特性，培养学生的综合素质和业务能力，引导学生成为新时代的媒体人，让学生在复杂的网络中坚定自身的三观。同样，教学模式和实践方法也要多元化进行，让学生养成属于自己的独特主持风格，在今后的工作中能以自己的风格被大众所接受。

（三）加强开放实践，培养学生的实践能力

从现阶段的发展来说，大多数播音与主持专业的学生为了能够更好地提升自身的实践能力，经常会到电视台或者广播站实习。而2007年以来，大量的网络电视台和广播电视台推出，不仅具有多样化的形式，并且涵盖的信息内容也逐渐丰富，这也为播音与主持专业的学生提供了更为丰富的实践机会，为学生实际技能的应用奠定了更加良好和扎实的基础。除此之外，随着时代的进步和发展，还有许多自制电台不断推出，学校也可以针对这样的发展对学生开展实际的专业培训，组织开放式的实践活动，引导学生更加积极地参与到实践中。这些加强开放实践的措施可以从根本上调动学生参与实践的积极性，为媒体时代的发展和进步输入全新的力量，更好地帮助学生在日后的从业中提升自身价值，增加自身筹码，在激烈的就业市场中占据绝对的优势地位，在未来能够更加良好地发展和进步。

（四）拓宽培养目标格局，实现从传统广电到融合媒介的跨越

融媒体时代是全媒体融合时代，高校播音与主持专业教育需要适应融媒体时代的发展需求，摆脱单一培养，从传统广播电台和电视台的培育形式中逃离出来，积极培养适合媒体时代发展的跨学科媒体人才。《普通高等学校本科专业设置管理规定》在第一章总则第三条中有清晰的规定，“高校设置和调整专业，应主动适应国家和区域经济社会发展需要，适应知识创

新、科技进步以及学科发展需要，更好地满足人民群众接受高质量高等教育需求；应遵循高等教育规律和人才成长规律，符合学校办学定位和办学条件，优化学科专业结构，促进学校办出特色，提高人才培养质量”。在融媒体时代，网络节目直播主持的出现再次让人们对主持人有了新的概念上的认识，网络主持人也成为主持人大家庭的新成员，受到了更多的关注。人们几乎是瞬间发现，由于网络广电主持人、数字电视主持人、各大门户网站主持人、各类社交媒体主持人的出现，传统主持人已经无法满足网络发展的要求，因而对传统主持人的培养需要扩大目标格局到网络，拓宽培养的方向，并顺应媒体时代的新要求，为新媒体主播铺路。要做到这一点，需要开阔眼界，及时追随时代步伐、务实创新、拓宽培养目标，进而培养出能够跨越不同媒体平台、突破不同媒体形态界限、打造优质播报内容的优秀主持人员。

（五）积极为学生构建实践教学平台

要全面建设校内协同实践平台，对校内实践和校外实践进行充分的整合，有力支持电视、主持艺术专业大学生实践技能的发展。比如，学校可以通过实践教育与当地广播电台、记者站等建立合作关系，让学生全面了解当前的媒体环境和自己的未来工作，促进学生专业技能和素质加快发展。

时代的进步和环境的变化都对当今的播音与主持专业有着重大的影响，同时对新媒体下的播音主持工作者提出更高的要求，这在一定意义上督促着播音与主持专业的改革。本书针对目前专业中存在的一些情况做出的分析，提出的相关策略，希望能对改革起到一定作用。

第六章

当代播音主持艺术的发展与创新

第一节 当代播音与主持专业的新定位

播音与主持专业为各级各类新闻宣传部门和广播电视媒体输送了大量的专业人才，同时也为对播音主持领域充满热情的学生提供了广泛的发展选择。尽管每年报考播音与主持专业的学生众多，然而在媒体融合的环境下，也面临着一系列挑战。因此，需要把播音与主持专业发展和媒体融合环境统一起来。[①]

一、媒体融合环境带来的影响

媒体融合作为多种媒介的功能融合，依托于互联网和数字技术，实现了传统媒介的多功能一体化发展趋势。在这一进程中，组织系统、终端系统以及网络系统等方面紧密结合，形成了内容、系统的新格局。媒体融合在手机、互联网、电视、广播以及报刊等各个领域推动着媒体改革的不断深化，充分整合了丰富的信息资源，塑造出更加多样化的传播效果和传播

---

① 宋斌宏，董家辰.媒体融合环境下的播音与主持艺术专业定位研究［J］.西部广播电视，2019（22）：207-208.

结构。这一不断演进的趋势，为广大群众提供了视频、音频、图片、文本等形式多样的媒体信息，让受众不再受时空的制约，可以便捷地收集各种信息资源，最大限度地共享资源，同时也为媒体领域带来了前所未有的机遇与挑战，引领着社会信息环境的全面变革。

二、媒体融合环境下播音与主持专业教学的融合策略

随着媒体融合环境的不断演变，新闻传播方式和内容正在经历深刻变革，这进一步提升了对播音与主持专业教学的需求。

（一）技能和知识的融合

知识有可能转化为技术，进一步转化为实际运用的技能。技术的增进取决于将知识作为基础，同时也是学习知识的最终目标。获取知识不仅是为了片面拥有，更在于培养广泛的技能，以及全面提升素质。在课堂中，教师的任务在于将知识传递和知识应用相结合，这有助于学生巩固所学知识，加强实际技能。这样的学习模式使得学生能够胜任诸如编辑、采访、策划等栏目工作。教师应从有声语言的练习开始，区分不同训练项目的难点和关键，以便有效地教授知识并训练学生配音、新闻播报、语言表达、吐字归音等专业技能。

（二）跨学科融合

播音与主持专业的学生需要掌握多个领域的知识。因此，在人才培养方面，各高校应注重学科间的交叉，实施跨学科培养，充分利用多种教育资源进行融合式教学。可将广播电视新闻、广播电视编导等相关专业进行整合，增加新闻写作、新闻采访、音视频制作等与新闻媒体相关的课程；

也可将学生学习内容与其他学科联系起来，实现融合教学，如体育、艺术、经济、法律、广告等领域，甚至还有必要与市场营销等专业相结合，使学生在传播信息方面具备竞争优势，能够胜任广播电视以外的职位。

（三）充分借助网络平台，实施以网络为基础的播音与主持专业教育

媒体融合中涵盖了动画、图片、文字、视频、音频等多种元素，这些元素功能多样，可以在网络平台上实现丰富多彩的交流互动。这要求发布信息的人员不仅要具备网络技术和文字编辑能力，还要掌握一定的播音主持技巧。由于版权和资金等限制，许多门户网站主要采用文字形式互动交流，发布信息的过程类似于文字形式的播报主持，由网站的文字编辑担任文字主持人。然而，随着视频和音频的不断增加，传统的文字主持人面临巨大的挑战。因此，高校需要充分利用网络资源，开展基于网络的播音与主持专业教育，以培养学生在多媒体环境下的综合技能。

在现实生活中，部分广播电视节目已开始利用不同的媒体平台传播信息。在某些新闻类节目中，主持人不仅需要承担起访谈、播报、咨询等职责，还需要运用网络、手机短信、电话等方式与受众群体进行实时的交流互动。

（四）实践和教学融合

播音与主持专业有强烈的实践导向，要求更多地对学生的实际技能加以重视。要将实践与教学相结合，积极鼓励学生与社会互动，提供条件供学生参与专业技能竞赛，透过激烈的竞争，激发学生持续进步的动力。学校需创造机会与地方传媒产业合作，促使媒体界认可学生的潜力，助推学

生就业，同时提升地方媒体的社会影响，培养学生的实践能力。播音与主持专业应建设完善的实践基地，积极寻求长期合作伙伴，为学生提供实践锻炼机会，使其在真实环境中了解社会对人才的真实需求。

在媒体融合的潮流下，播音与主持专业需在思想上认识新媒体、行动上紧跟新媒体趋势、发展中应用新媒体。唯有如此，专业才能具备自身优势与特色，为新闻行业培养更多高素质的人才。

三、播音与主持专业的新定位

播音与主持专业的知识体系涵盖广播电视新闻传播、语言文学、播音学、艺术美学等多学科。这一专业要求学生全面掌握马克思列宁主义、毛泽东思想、邓小平理论、“三个代表”重要思想、科学发展观、习近平新时代中国特色社会主义思想的核心原理，具备流利的外语能力和坚实的文学基础，具有深厚的汉语基础和清晰流畅的普通话表达能力，能够熟练应用现代电子媒体技术，具有一定的表演经验。这些学生将有望成为在广播电台、电视台以及其他单位从事广播电视播音和节目主持工作的复合型应用语言学高级专门人才。

自1963年播音专业在我国首次开设以来，该领域已构建了包括专科、本科、双学位、硕士和博士等在内的完整的培养体系。从最早的北京广播学院（如今的中国传媒大学）起，该专业已迅速扩展至全国近30个省、市、自治区，约有200家高校开设了播音与主持专业，新的院校仍在不断筹建和招生中。

确定播音与主持专业的新定位，首先，要转变思维模式，摆脱传统媒体限制，更好地适应新媒体时代的要求。多个高校的播音与主持专业定位相似，这和深受中国传媒大学的影响有关。中国传媒大学是我国最早开设播音专业的学校之一，培养了许多地方播音院校的筹建者和贡献者。然而，这种雷同定位可能会削弱一些院校在人才培养方面的竞争力。为此，在重新定位播音与主持专业时，应放开思想，摆脱传统的广播电视新闻播音定位，多角度培养学生，提升其专业生存技能。

其次，要认可网络平台，构建基于多平台的播音与主持专业。媒体融合带来的多媒体元素，如音频、视频、文字、图片、动画等，可以在网络平台上实现多样化的互动。发布者除了需要熟练运用文字和网络技术，还要具备符合音视频应用规范的播音和主持技巧。如前所述，尽管受资源和版权等限制，许多门户网站主要采用文字互动，但随着音频和视频资源的增加，传统的文字主持不再足够。音频和视频的播音和主持，不仅要符合受众需求，更需要符合专业语言表达标准。如今，许多广播电视节目已开始在不同媒体平台传播信息，主持人不仅要咨询、播报、访谈，还要通过电话、手机短信、网络与受众进行实时互动。

最后，要强化专业教育，加强社会教育。播音与主持专业原定位为培养广播电视媒体的播音和主持人才。然而，“自媒体”时代的来临，使媒体平台更广泛，专业边界逐渐模糊，每个人都可以通过媒体设备和终端参与节目制作，进行音频和视频创作，甚至负责配音和主持等工作。在这种环境下，播音主持的专业培养与社会培训交叉。创造并分享音频、视频、图片和动画的工具逐渐普及，使得每个人都能参与媒体的创作。

因此，播音与主持专业应根据媒体融合的现实，在思维、行动和发展等方面灵活应对新媒体。只有如此，我国播音与主持专业才能持续发展，并为新闻事业培养更多优秀人才。

第二节　当代播音主持艺术的创作样态

一、现场直播报道的即时编排性

随着数字化技术的飞速发展，新传媒技术正在改变传播方式，使信息传递变得更加便捷。传播速度和资源利用效率也因此得以显著提升，这对于电视直播的时效性产生了积极影响。以往的电视新闻现场直播通常以实况为主，将新闻现场的图像和声音信息结合播音员的解说，通过电视信号传送给观众。而演播室内，常常采用记者在事发地提前采集的新闻素材、编辑的新闻稿件，然后根据预定的稿件内容进行播报。与此相对，演播室内的直播往往具有一定的滞后性和较长的周期。而在现场直播报道中，主持人的角色往往要在演播室内伴随实况转播的过程，与嘉宾互动、点评、串联，适时介入记者的连线报道，同时插播相关背景的专题片。因此，主持人需要有实时的反应和编排能力，以保持节目的流畅性和连贯性。

随着电视直播的不断发展，实时评论在传播中变得越发重要。评论的速度、深度和吸引力成为电视新闻媒体赢得权威感、扩大影响力的核心竞争因素。特别是在重大新闻事件的现场报道中，直播连线逐渐从单点报道发展为多点联动报道，这使得新闻传播具有更多的立体感、现场感、动态性和时效性。例如，2013年2月9日的《新闻联播》节目中，首次引入了10路直播信号，全面展示了祖国各地迎接新春的盛况，创下了多点直播的新纪录。这些变革正在不断塑造着电视直播的未来。直播中的主持人、受众、信息和现场连线中的记者、嘉宾同时存在于一个传播场，同步接收分享信息，极大地缩短了主播与观众的心理距离，增强了传播的亲和力和时效性。[①]

二、交互式场域的主流引导性

“场域”理论起源于社会学，用以描述人们的行为受到所处环境和其他人行为的影响。在新闻传播中，场域指的是新闻节目播出过程中的环境，包括主持人、嘉宾、评论员、多媒体信息等要素构成的新闻演播室。在新媒体技术的推动下，新闻演播室从单一的信息发布中心转变为网络枢纽和平台，多元人员、多层次信息在此汇聚，相互影响、不断发展，实时产生新信息，并由新闻主播引导传播。新闻主持人在这个互动场域中起着关键作用，需要引导主流观点的传播，帮助受众辨别信息。

全媒体演播厅的普及也为播音主持方式带来了新的变化。通过全媒体演播厅的大屏幕，主持人可以解读画面、文字、数据，对新闻进行深入分析，与大屏幕实现双向互动。演播室兼容的网络和外部信号接入，允许节目展示不同类型的背景和互动信息。在当今的全媒体演播室中，主持人将文稿信息、视频、网络数据进行整合，实时编排，报道并传播，观众接收的已经是“新媒体新闻”了。

新媒体技术时代，传播观念和思维方式都发生了深刻变革。电视新闻传播不再仅限于内容生产，而是建立了信息关系平台。从数字化、网络化的运行到虚拟技术的应用，从传统“点对面”的信息传播方式到针对移动服务器的个性化、碎片化的多渠道网络传输，电视已经发生了根本性的改

① 武小飞.新媒体技术时代电视新闻播音主持创作样态的发展［J］.西部广播电视，2016(24)：144，147.

变。电视新闻的数据化尝试，是在新技术背景下为了提高服务质量、了解用户而进行的有益探索。只有在这一基础上构建的内容和形式，才能为现今的新闻从业者和主持人提供新的竞争优势。

第三节　新媒体环境下播音主持艺术的创新策略

在传统媒体时代，播音主持艺术经过多年的发展，已经有了自身完善的流程和格局，播音主持行业的运行和管理已经基本规范，播音员和主持人的风格和形式也已经被受众所接受。但是随着新媒体的快速发展，原有的播音主持行业出现了新的特征，自身只有加快创新进程，才能更好地适应时代的发展。[①]

一、新媒体环境下播音主持艺术的新特征

在讨论新媒体环境下播音主持艺术的新特征之前，必须先理解新媒体环境下信息传播的新面貌。正是由于信息传播发生了变革，播音主持的角色也随之发生了新的变化，呈现出全新的态势。

在新媒体环境下，信息传播的发布者、传播者和接收者都发生了根本性的变革。传统媒体时代，信息的发布者和传播者仅限于报刊、广播和电视等传统媒体，而接收者主要是受众，处于被动的接受地位，选择性和反馈性有限。然而，在新媒体环境下，信息发布者的范围得到了极大的扩展，任何个体都有可能成为信息的发布者。传播者也不再受制于传统媒体，互

① 曹奕萱.新媒体时代下播音主持艺术的创新与未来发展［J］.新闻传播，2022（12）：104-105.

联网的崛起使得信息传播变得更为便捷，互联网及其相关软件成为潜在的传播者。至于接收者，尽管仍然是受众，但在新媒体环境下，其范围被极大地扩展，甚至连媒体自身也被视为新媒体时代的受众，成为信息传播的接收方。

因此，在信息传播发生新变化的背景下，播音主持艺术也呈现出全新的特点，主要体现在以下几个方面。

（一）角色的多样化

新媒体环境下，播音员和主持人的身份发生了变化。传统媒体中，播音员和主持人通常是播音与主持专业出身或在该领域有多年经验的人，拥有理论基础和实践知识。然而，如今出现了“跨界”主持人，即原本是学者、教授、歌手、演员等，如今涉足播音主持领域，担任节目的主持人；同时也出现了不同领域的播音员和主持人进行“领域跨足”，如新闻主持人涉足体育节目、娱乐节目等。这种多样化的身份赋予了节目不同的风格，成为新媒体环境下的有益尝试。

（二）形式的多元化

在传统观念中，播音员和主持人的主要任务是衔接节目内容，节目的核心在于内容本身和嘉宾、演员。通常情况下，为凸显节目内容，避免主持人过多分散节目焦点，主持人的数量有限。然而，在新媒体环境下，主持人的作用得到了加强，他们更加深入参与节目内容制作，互动性更强，能够更好地推动节目的进展。举例来说，在民生新闻节目中，主持人不再仅限于客观报道，也可以将自己融入新闻事件，与事件当事人共同展现新闻的发生过程。在娱乐节目中，有时主持人的数量甚至超过嘉宾和演员，主持人会通过彼此的互动引导嘉宾和演员完成整个节目。

（三）平台的多样化

传统媒体时期，广播和电视是播音主持艺术的主要平台。但在新媒体环境下，播音员和主持人有了更多的展示机会。当前，网络节目种类繁多，视频网站制作的网络视频节目也成为播音主持艺术的新舞台。同时，短视频网站的兴起为他们提供了另一种展示平台，播音员和主持人可以自行制作视频，展现自身特色。

二、新媒体环境下播音主持艺术的创新发展策略

在新媒体环境中，播音主持艺术必须更加灵活地应对新的环境和特点，只有通过创新发展，才能更有效地抓住机遇并赢得观众的喜爱。

（一）在自身业务能力上创新发展

随着新媒体的崛起，信息传播速度飞速加快，这对播音员和主持人的业务能力提出了更高的要求。尤其在新闻领域，他们需要更加敏锐地处理信息。在重大新闻事件中，现场直播和连线环节变得更加频繁，这要求播音员和主持人能够快速了解事件背景，抓住现场氛围和相关人群，做好即时准备，以确保顺利直播。在播报新闻时，简单明了的语言和口语化的风格能更好地介绍现场情况，同时针对受众关心的问题进行重点解析。

此外，跨界主持人越来越多地参与进来，也对播音员和主持人的专业素养提出了更高要求。如果现有主持人不能及时提升自身素质并拓宽视野，可能会受到来自其他领域的优秀跨界主持人的挑战，而被取代的风险也会逐渐增大。

（二）在自身风格特征上创新发展

在新媒体的浪潮下，网络视频节目迅猛发展，各大视频网站纷纷推出自制网络节目，如《奇葩说》等。这些节目不仅丰富了节目类型，也对播音员和主持人提出了更多要求。他们不能再局限于传统的场面串联，而要更深入地参与节目内容的创作。这需要播音员和主持人的个人特质与节目特性相契合。选择主持人时，要考虑其个性是否与节目风格相契合，同样，节目风格的选择也应与主持人特质相匹配。在当今社会，播音员和主持人需要同时具备宏观的国家政策和社会趋势的把握能力，以及与受众思维、生活紧密接轨的情感，通过独特的风格将节目内容传递给观众。

（三）充分利用新媒体形式创新发展

如今，优秀的传统电视节目几乎都可以在网络上观看，并且网络观众数量不断攀升。随着人们用移动终端收看视频节目的趋势越发凸显，播音主持艺术也应充分利用新媒体平台，追求创新发展。举例来说，新媒体的鲜明特点之一是互动性，如即时评论和弹幕等互动方式深受观众喜爱。播音员和主持人同样应借此展开互动。以《金星秀》为例，主持人金星会鼓励观众通过手机微信“摇一摇”等功能参与直播互动，或在节目官方微博下发表评论，以此充分融合传统媒体和新媒体的优势，展示了新媒体的巨大潜力。新媒体环境带来了播音主持艺术的巨大机遇，同时也带来更多挑战。播音员和主持人需要对新媒体环境有深刻的了解和前瞻的认知，早日融入新媒体的发展，以确保在未来的职业道路上稳步前行。

第四节　当代播音主持艺术的发展途径

一、明确播音主持原则

在新媒体快速发展的历史时期，媒体被赋予了新的时代特色，即媒体资源具有海量化特点，获取资源具有畅通化特点，媒体形式具有多样化特点，受众的选择余地更加宽泛。因此，在新媒体语境下，播音主持艺术必须更加凸显个人特质，建立新的原则。要将时代特色作为新媒体语境下播音主持艺术的首要原则，同时进一步提升自身的开放性，播音员、主持人要学会与受众交流，充分倾听受众对播音主持的意见和建议，改进播音主持栏目及主持人的风格。这不仅表达了对受众的尊重，还有助于促进播音主持领域的创新。

二、牢固树立开放理念

新媒体环境最显著的特点是开放性。为了更好地适应新媒体的语境，播音员和主持人必须坚定地树立开放的理念。这意味着需要将“以人为本”与“以物为本”相结合，特别是要引入市场经济思维，将“服务意识”与“商品意识”融合，将播音主持视作一种“商品”，致力于塑造出色的服务品牌，以深刻理解受众需求。同时，在新媒体语境下树立开放理念还需要加强播音员和主持人的采、编、播等多方面能力，使其成为复合型、全能型人才，以确保呈现出来的节目更加贴近实际并引发情感共鸣。

三、着力强化人文精神

人文精神承载着社会信仰、价值观念以及道德情操，它是这些要素的集中表达。对播音员和主持人而言，拥有良好的人文精神是至关重要的，因为这是与受众建立广泛“共鸣”的关键，也是新媒体对播音员和主持人的新要求之一。为实现这一目标，播音员和主持人需深刻贯彻“三贴近”原则。在新媒体语境下，播音员和主持人还需坚定地树立“亲民化”的精神。这种精神不仅体现在主持风格上，同样体现在节目内容中。播音员和主持人应当通过节目让受众获得启发、展开思考，并获得有益的收获，从而提升受众的认知水平。

四、推动播音主持互动

新媒体的另一个明显特点是互动性。因此，在新媒体语境下，播音员和主持人必须高度重视互动，并加强与受众之间的多方位互动。为了实现这一目标，必须对播音主持栏目进行科学的策划，广泛利用互动平台，如官方网站、微博、微信等，与受众进行积极的互动交流。这种做法不仅能够满足新媒体环境下播音主持艺术的互动要求，还能够增加播音主持艺术的创新性。因此，需要积极地探索并形成适应自身的互动模式。要想提高播音主持艺术的互动性，还应当大力加强与新媒体的合作力度，通过建立多元化的播音主持模式，提升新媒体语境下播音主持的创新性。①

---

① 傅玲玲.新媒体语境下播音主持的特征与发展途径［J］.记者摇篮，2021（11）：142-143.

第五节　播音与主持专业人才培养模式的转变

一、明确学科思路

（一）借鉴言语沟通学

播音与主持专业是中国独有的学科，在国外并未形成独立的专业，通常被纳入口语传播专业的范畴。口语传播专业的学科基础是言语沟通学，又称口语传播学。这个学科起源于古希腊，拥有悠久的研究历史，经过时代的演变与发展，已逐渐完善，成为一门成熟且古老的学科。

主持传播能力并不仅仅是一项简单的技能或技巧，而是建立在相关学科知识基础上的口语传播能力和人际沟通协调能力的结合体。在媒介融合、信息传播多样化、碎片化、分众化的背景下，播音员和主持人的角色已不再仅限于单向传播者，而更像是沟通者、互动者和协调者。在这种情况下，言语沟通学中的人际沟通、公共传播、组织传播、小团体传播等理论对于适应媒体融合背景下的播音与主持传播具有高度的指导作用和实际应用价值。言语沟通学位于传播学学科领域，将口语沟通放置于整个传播环境中进行研究，是一门古老且富有活力的学科。

（二）发展主持传播学

“主持”一词最早出现于20世纪20年代的美国，我国“主持人”概念的出现比国外足足晚了约60年。我国对主持人的专业培养，与国外一直放在口语传播专业或演讲口才专业下不同。在我国,“主持”从刚出现就被认定是“播音”的一种形式被直接并于播音专业之中。

“主持”领域一直缺乏独立的学科理论支撑，其教学理论主要是在播音学的学科体系基础上延伸发展的，即通过播音员的专业理论体系培养主持人。然而，随着主持人节目的日益增多和主持人队伍的不断扩大，与主持人相关的学科理论才开始逐渐发展壮大。

在新媒体时代，播音员与主持人之间的角色区分变得不再严格，甚至出现了主持人角色的“显性”特征逐步淡化的趋势。主持人逐渐融入节目，成为节目自然的组成部分。随着节目类型的多样化和新闻资讯节目的常态化，传统的“播音”需求相对减少，播音更多地转化为一种主持的形式，融入视听节目之中。传统面向播音的理论已经无法充分指导不断多元化的主持传播实践。

主持传播学诞生时间不长，主要围绕主持传播的环境、符号、受众、特征、动机、主体等方面展开研究。其理论构架主要借鉴传播学，尚未形成独立的完整体系。随着主持人群体不断壮大，节目主持需求逐渐增强，学界迫切需要建立独立的主持传播理论体系，以引导新媒体时代播音主持的实践活动。早在1982年1月，著名播音教育家张颂就呼吁积极研究播音理论，将其视为当务之急。在当前新媒体时代，不仅需要不断完善播音理论，还要加强对主持传播理论的深入研究与关注。

（三）提升中国播音学

中国播音学是我国播音主持学科的核心，也是我国独具特色的宝贵财富。其成熟脉络形成于广播电视事业迅速发展的历程中，充满着鲜明的中国特色，是我国广播电视从业者和专家学者在实践中总结出的精髓。随着时代的演进，中国播音学也迫切需要在原有基础上不断丰富和创新。

中国播音学具有明显的艺术性，最初的理论积淀融合了话剧、声乐、戏曲等丰富的民族艺术精华。其学科体系大致可分为五个要点：学科导论、发音与声音、创作与表达、广播播音与主持、电视播音与主持。然而，随着媒体壁垒的不断消弭，以广播播音与主持、电视播音与主持为界限的传统分类体系需要进行革新和升华。同时，随着信息传播的多样化，发音与声音的创作与表达等理论也需融入更多时代元素。因此，应提升中国播音学理论水平，使中国特有的、独具艺术性的播音理论与新媒体时代瞬息万变的信息传播发展结合起来，建立出独具中国特色的、可持续发展的中国播音主持艺术学科体系。[①]

在媒体融合不断深化的大背景下，播音与主持专业的学科定位必须从艺术学角度出发，融汇传播学的多元视角，更深层次地交织广播电视学的要素，明确播音与主持专业的艺术性与传播属性之间的紧密联系，开拓更广阔的领域。在新时代，我国播音与主持专业需要重新审视自身，以传播学和艺术学的双重透镜重新定位，跨足多学科的智慧，构建以中国播音学、言语沟通学和主持传播学为支柱的播音与主持传播艺术学科理论体系。

二、拓宽目标格局

2012年，教育部发布《普通高等学校本科专业设置管理规定》，其中在第一章总则第三条中明确指出："高校设置和调整专业，应主动适应国家和区域经济社会发展需要，适应知识创新、科技进步以及学科发展需要，更好地满足人民群众接受高质量高等教育需求；应遵循高等教育规律和人才成长规律，符合学校办学定位和办学条件，优化学科专业结构，促进学

① 郭琳媛.融媒体时代播音主持专业人才培养模式的嬗变与坚守［J］.戏剧之家，2020（22）：168-169.

校办出特色，提高人才培养质量。”

然而，在当前阶段，许多高校的专业设置和教学目标严重滞后于市场需求，导致这些专业逐渐演变成了脱离时代潮流的“夕阳专业”，播音与主持专业的人才培养也因此出现了严重的滞后情况。一些高校仍坚持传统的专业设置目标，沿袭旧的专业理念，导致专业教育呈现畸形发展的形势。

在多元化的新媒体时代，高校播音与主持专业需要紧密跟随媒介发展的步伐。这意味着专业培养目标不能仅局限于传统广播电视领域，而应积极调整，培养适应新传媒时代需要的多功能复合型播音与主持专业人才。

（一）专业发展的自身需求

播音与主持专业的发展自身呈现多重矛盾，这引起了学界和业界的高度关注。多位专家学者已多次提出，需要调整播音与主持专业的规模。这种呼声背后的原因之一在于，当前播音与主持教育资源严重匮乏，难以承接如此庞大的招生规模。另外，业界对播音与主持专业人才的需求逐渐趋于饱和，因此建议缩小专业规模，以集中精力培养更多高质量的主持人精英。

然而，仅仅进行规模性的“紧缩”并不能根本解决长期发展问题。若要确保播音与主持专业教育的持续发展，并取得实质性效果，需要进行以网络化“开放”为核心的改革，扩展专业培养的多样性格局。

放眼国际，发达国家虽然学科研究高度细致，但并未设立独立的播音与主持专业。这些国家将此类教育融入口语传播或演讲与口才专业，旨在培养具备沟通、思辨、人际互动、冲突解决、演讲口才和文化包容等能力的专业人才，其培养范围更为广泛。然而，我国的播音与主持学科在培养方向上显得狭隘，过于侧重传统广播电视领域，这既难以确保人才的实际输出效果，也不利于学科的可持续发展。

（二）融合媒介平台的人才需求

专业培养格局的拓宽刻不容缓，新媒体时代为我国播音与主持专业提供了显著的发展契机。在这个新媒体时代，受众对网络主持人的需求迅速攀升，不仅包括综合门户网站主持人、专业视频分享网站主持人、IPTV主持人、互联网电视主持人和手机电视主持人，还有各式各样的自媒体主持人。然而，这些主持人通常未经过专业化的培养，素质参差不齐。尽管多元的个性充分展示了创意，但同样急需专业性的“规范”。

新媒体时代对专业性的需求为播音与主持专业的蓬勃发展提供了广阔的前景。面对新媒体主持人的崛起，理论建设、人才培养以及专业设置成为播音与主持专业未来发展的重要方向。

三、转变人才培养理念

媒体融合的核心在于消除媒体之间的界限，实现内容、组织、网络、规制和终端的无缝融合。实际上，在媒体融合的进程中，媒体形式持续突破创新，为播音与主持专业人才培养改革提供了重要契机。这一改革的关键在于培养具备能力的语言传播从业者，从而跨越不同的媒介平台，克服各种媒体形式的限制，实现高质量内容的创作和传播。

（一）改进人才培养课程

国内外对主持人的认知存在一定差异。我国播音主持领域的发展与各项事业的成长紧密相连，其特殊的工作性质与历史使命导致播音员、主持人从一开始就具备了“专岗化”的特质。

传统播音中存在着所谓的“二次创作”，这指的是创作者站在媒体的角度，以文字稿件为基础进行观察、体验、分析和综合，经过加工提炼和艺术构想，最终通过有声语言表现的创作过程。在这种二次创作中，强调的是语言的艺术性创造，如突出的“三性”特点，包括规范性、庄重性和鼓动性，还有“三感”特点，包括时代感、分寸感和亲切感。当然，传统播音教育也关注培养“即兴表达”能力，如现场口头报道和即兴评论等“口语播音”课程。然而，在实际教学中，基于有稿播音的培养仍占据主要地位。课程设置除了针对即兴口语表达和播音创作基础，还包括至少四门涉及“声音”艺术表达的课程。

这些传统形式下的播音与主持专业课程，无法满足新媒体背景下的专业教学要求，为了改变这一现状，必须从多个角度对课程进行完善和改进。传统模式下的专业课程更注重对学生专业技能的培养，在一定程度上忽视了其他课程的重要性。在新媒体环境下，学生应充分发挥主观能动性，更加关注新媒体，在主动获取知识的同时，明确自身定位。基于此，各大院校在调整播音与主持专业课程的过程中，要注重改变教学模式，始终以学生为教学主体，最大限度地满足学生在新媒体背景下的学习需求。新媒体在给播音与主持专业的发展带来正面影响的同时，也带来了一定的负面影响。高校在实际落实课程改进工作的过程中，应保持较强的平衡性，运用动态变化的方式培养学生的专业能力，始终用科学、正确的发展观念改进课程。改进专业课程不是一蹴而就的，需要长期坚持。如果一味注重课程改进的速度，将会对播音与主持专业的教学质量造成严重影响。要适当扩大学生学习的空间，合理地选择课程改进方式，从而实现培养更多专业人才的教学目标。

（二）改进线上线下互动式课堂教学

新媒体的高速发展在丰富媒体内容的同时，也逐步拓宽了媒体信息的传播途径。考虑到传统形式下的课堂教学模式已经无法满足现代化播音与主持专业课程的教学要求，所以要在原有的教学基础上不断创新教学模式，将理论与实践的教学方式相结合，在不断引导学生学习知识内容的过程中，激发学生学习专业知识的潜能。

在此情况下，逐步形成了“界面课堂”。“界面课堂”是指教师在实际教学中，将多方面的教学资源与教学方法融合，同时进行单个和多个教学内容。它能够紧紧围绕学生的学习现状，使教师从理论、实践、思维等多个方面进行教学。教师在实际讲解播音与主持专业知识内容的过程中，要树立“成长共同体”理念，和学生的力量紧密相连，对没有筛选和处理的信息进行全方面管控。教师和学生要在共同发挥作用的基础上，共同成长。现阶段新媒体的实际应用范围在逐步扩大，它对丰富学生的学习内容、提高学生的互动性具有重要帮助。新媒体技术打破了教师的权威性，帮助教师和学生共同完成任务，进而使教师和学生都成为设计者与参与者，为今后播音与主持专业的发展提供了有利的条件。

四、完善教学环节

（一）专业文化培养环节

1. 以专业文化知识为主的培养

在媒介环境不断演变的背景下，无论媒介形式和传播方式如何创新，内容始终是传播过程的核心要素。在“内容为王”的时代，主持人必须在自己主持的节目内容方面拥有深入的专业知识，才能引起受众的兴趣，赢得受众的尊重和信任，从而实现良好的传播效果。新媒体时代，信息传播越发多元化，这要求主持人朝着更为专业化的方向发展。然而，许多从事类似工作的主持人并没有接受过播音与主持专业的培训，这促使人们反思目前播音与主持专业的教育，同时也为该领域的人才培养改革提供了明确的方向。

因此，在融媒体时代，我们不仅应保留播音与主持专业一贯注重文学艺术素质培养的特色课程，还需根据学生的兴趣和需求，扩展多种不同类型的专业选修课程，如经济学、教育学、心理学等一系列选修课程。特别地，应鼓励学生选择某一特定领域的文化方向，深入钻研，以提升专业性和针对性，这将为播音与主持专业的未来发展奠定坚实基础。

2.综合知识援助平台的构建

随着媒体融合的不断推进，主持人节目呈现直播化趋势，节目制作流程也变得更为简洁。在这种环境下，主持人不仅需要具备某一领域的专业知识，还需要了解多个领域的知识，以构建一个跨学科综合知识平台。这个平台包括了文学、艺术学、传播学、社会学、政治学等多个学科的基础知识。这种多学科知识的支持使主持人在面对日益简化的内容生产流程和日益增多的交流互动时，能够提供多角度、即时的解读。

为了实现这一目标，可以采用必读书目的考核方式。学生需要通读涵盖多领域学科的论著，并完成相应的考核报告以获得学分。这些必读书目可以涵盖4—5个不同领域，以多种形式的书单组合供学生自由选择，但必须确保涵盖主要社会学科的内容，从而培养学生的语言思维能力和对信息内容的深度理解能力。这种方法可以帮助学生建立起全面的知识储备，以适应融媒体时代的要求。

（二）融媒素养培养环节

1.媒介素养：从单一传播到双向互动

高等教育一直强调传媒人才的培养要注重培养学生的媒介素养。不论处于何种时代，媒介素养都是一名合格传媒工作者所必备的重要素质。在媒体发展急速变化、一日千里的大环境下，培养播音员、主持人这些“守门人”的媒介素养显得越发关键。一般而言，媒介素养是指公众对于当前媒体时代发展的认知和对媒体的认识。然而，对传媒工作者和专业教育主体而言，媒介素养则意味着对自己职业或专业的认识，以及对当前媒介环境的理解，这在个人素质和职业能力中得以体现。

在广播电视事业快速发展的背景下，主持人队伍不断壮大，但质量良莠不齐，甚至出现了个别主持人媒介素养较低的现象。这些问题可能源于高校选拔和培养主持人的标准和体系，过于侧重外在声音和外貌两方面，而未能充分培养其媒介素养。

在新媒体时代，受众扮演着中心角色，每个人都有可能成为主播。然而，要凸显职业播音员、主持人的独特价值，他们需要具备独特的专业素质和对媒体发展的洞察力。

因此，高校在培养播音员、主持人时，除了要注重专业技能如发声、语言表达等方面的培养，还应进一步强化媒介素养教育的范畴。这包括增强学生在媒介信息选择、媒介理解和批判评估等方面的能力，以确保媒介素养的教育能够真正实施并融入学生的专业成长。

2. 创新意识：从单一分工到自主生产

在信息充斥的多元化环境中，人们的信息接收能力有限，有效地筛选出有价值的信息并非易事。主持人在内容创作过程中必须具备创新意识，生产出独具特色的节目内容，以吸引观众。尤其在节目内容普遍趋同的情况下，这种创新才能在竞争激烈的制作环境中脱颖而出。

在媒体融合的背景下，主持人的角色发生了转变。他们不只负责有声语言的表达，还需要承担更多全方位信息的产控责任，从而成为一个更加综合性的主持人。作为节目的“把关人”和“舆论领袖”，主持人需要不断创新，以生产出高质量、具有独特风格的品牌节目。

对多所学校的课程设置进行研究后发现，尽管高等院校注重播音主持人才的专业教育，但缺乏个性化的培养。通常的课程包括普通话语音、播音发声、播音创作基础、节目主持、新闻播音等，这些标准化的课程使播音主持人才的培养变得机械。因此，在新媒体时代，播音与主持高等教育的课程设置需要更多个性化的发展和思维开发课程。建议引入包括心理学等在内的多领域课程，以培养具备创新意识的主持人，使他们能够在节目中展现出独特的个人魅力。

3. 品牌素质：从平台宣传到个人品牌

在新媒体时代，媒介平台呈现出多元化的趋势，受众可以通过微博、播客等平台全面了解播音员、主持人各个方面的生活。这使得播音员、主持人走向大众，在实际传播中更加“接地气”。评判主持人的标准也从模糊的节目收视率变得更加具体和真实，如粉丝量、评论数、转发量等数字都成为评判主持人影响力的指标。因此，主持人需要在多个自媒体平台上打造个人品牌，增强自身的影响力和话语权。

“品牌”这一概念在市场上广为流传。在第一媒介时代，传媒集团拥有话语权，主持人只能借助传统媒体进行宣传，将媒体品牌和个人品牌结合起来。然而，在受众中心化的时代中，信息传播就如同市场一样庞大，主持人需要将自己视作一个品牌，实现与媒体品牌的良性互动和循环。

那么，如何提高播音与主持专业学生的品牌塑造能力？可以从以下三个方面入手。

首先，进行精准的个性化定位。高校应该在培养阶段鼓励学生积极寻找个人的独特定位，教师应该与学生充分互动，因材施教，挖掘学生的个性特质。学生也需要在实际媒体实践中不断发掘个性特色。

其次，培养独特的表达方式。一旦确定了个性化定位，学生就应根据自己的方向打造独特的语言特色和风格，以成为无法被模仿的语言符号。

这一阶段需要学生自主学习。

最后，创造个人独立表达空间。学生可以通过新媒体等途径，如微博、微信公众号、播客等平台，打造个人品牌，与受众亲近互动。在学校时，教师可以运用多媒体手段设置相关教学任务，让学生通过自媒体平台持续发布作品，吸引关注，逐步培养个人品牌意识。

第七章

融媒体时代下的播音主持艺术发展

第一节 融媒体时代的新闻播音主持艺术

一、融媒体时代的新闻播音

（一）融媒体时代新闻播音表达的基本要求

时代的进步催生了媒体的发展，从报纸到广播，从广播到电视，从电视到网络，从网络到手机，每一次传播手段的变革都会带来社会的进步，带来新闻传播的革命。作为有声传播的新闻播音也同样会受到挑战，如何接受新媒体、研究新媒体、运用新媒体是新闻播音工作者的使命。

播报新闻是广播电视传媒领域中播音员和主持人的核心工作之一，新闻节目通常是电视台收视率最高的引领性节目。因此，人们常常将新闻播音员的播报水平和主持形象作为评价一个电视台的重要标志。

对广播电视媒体来说，新闻播报的质量直接影响着宣传效果。因此，是否会播新闻、能否播好新闻是衡量一名播音员基本功是否扎实的试金石。选拔播音员、主持人的专业考试，对新闻播报方面的考查非常重视，是必考内容。而随着新媒体传播手段的发展，广播电视新闻播音面临着新的发展。

什么是新闻？新闻有什么特点？在讲新闻播音之前，我们必须对新闻有个初步的了解。我们要知道，新闻是对新近发生的有价值事实的报道。不难看出，新闻一般具有三个特点：新近、价值、事实。这就像我们备稿时找重音一样。

新闻播音的特点，就是在播音员对新闻稿件从内容到形式有了深刻的理解和认识后，结合新闻稿件的特点，通过有声语言传达给受众而形成的共同点。用事实说话、以“新”感人，这既是新闻播音的特点，也是对新闻播音的要求。

1.叙述要清楚

一般来说，新闻稿件的篇幅都比较短小，要求用简洁明快的语言概括地报道新闻事实，内容则要求短而精。因此，播音员需要在三五百的字数中，把新闻的时间、地点、人物、事件、道理、结果等问题全部交代清楚。倘若有一两句话没有讲清楚，往往会影响整条新闻的清晰度。

（1）理解相关概念和读音

新闻内容五花八门，涉及社会各行各业，有政治新闻、经济新闻、科技新闻等。为了播音准确无误、文理通顺，要及时弄明白新闻中出现的名词、原理、概念等。倘若新闻稿件中遇到不明白的名词或概念没有弄清便随意播音，则会造成表达上的偏差或者失误。因此，要养成勤查字典的习惯，并且要积极向相关的人请教。同时还应该在平时提高语文水平，注重知识的积累，这是我们广义备稿时所要求的。另外，在遇见人名时，要名从主人。比如，在读到多音字做人名时，要根据主人的实际情况确定读法，遇见不常见的姓名，要小心核对读音。当然，该规范的姓氏读音要读正确，不能迁就。遇见地名时，如果字面读音和人们日常读音不同，要依照俗称播读，这是一般的惯例。[①]

（2）搞清新闻事实

新闻是以报道事实为基础的，所以新闻播音必须体现出“用事实说话”这个特点，这是新闻播音的最基本要求之一。在解决了字、词的障碍后，我们就要搞清楚这条新闻究竟讲的是什么，即解决“知其然”。这一点，看起来很容易，就是读懂新闻内容，可是真正做到并不容易。因为新闻稿件包罗万象，天文地理、政治经济、科教文卫……凡是国际上的重大事件，凡是和国家、人民相关联的事情，都会在新闻报道中得到反映。

（3）把握结构和主题

了解了新闻事实，明白了这一新闻事件到底是怎么回事，为我们交代事实做了充分的准备。但是仅自己心里明白是远远不够的，我们还需要让别人明白。所以，还需要了解新闻稿件是如何组织材料的，以及体现的是什么思想，也就是结构和主题的问题。在分析结构时，我们应该做到以下几点。

首先，对导语进行分析，抓住其中的核心思想或关键问题。通常情况下，新闻稿件的导语要么总结了整篇文章的主旨，要么概括了文章的主要内容或报道的主要议题。导语虽然不长，却概要地讲述了这条新闻最主要的事件。

其次，搞清主体和导语的内在联系，把握主体的层次。主体是新闻的核心组成部分，它通过具体且充足的典型事实材料回答或阐释导语中提出的问题。在主体部分，通过各种材料的运用以及逐步的叙述，能够清晰地解答导语中的问题，这就是新闻主体的层次。

① 曾丽萍.聚焦新媒体时代电视新闻播音主持创作样态发展：评《电视新闻播音主持创作艺术》[J].中国广播电视学刊，2020（1）：130.

如果是按照时间或空间顺序组织材料的，我们就要按照时间、空间顺序厘清叙述脉络；如果是按照逻辑顺序组织材料的，我们就应该按照逻辑顺序厘清叙述脉络。只有经过这样的分析，我们才能厘清和掌握主体结构，播读起来才有可能做到层次分明。

再次，要明确新闻稿件的结尾如何与整篇文章相呼应。出色的新闻结尾能够进一步丰富新闻事实，使整个报道的逻辑更加紧密。为此，我们需要理解结尾与导语、主体的关系：它是对新闻事件的简要总结，还是对主题的进一步深化？它是为未来提供展望，还是具有鼓励和呼唤作用的结尾？透过这种分析，我们能够形成对全文的整体印象。

最后，要合理地分析和处理背景材料。背景材料的角色在于介绍新闻发生的历史、环境、条件，阐明事件发生的原因，解释和诠释新闻的内容和意义，或对某些专业术语进行解释性说明。通过与背景材料建立联系，才能够更清晰、具体地了解新闻内容。在新闻中，交代背景材料的内容位置不定、长短不同，有时还不会出现，这需要我们凭借自身的新闻知识积累，根据文章的内容具体分析。

（4）确定语句重音

在已经抓住了新闻主题或中心，分析了稿件背景，明确了播讲目的之后，我们需要确定稿件的重点层次、重点句子以及语句重音。没有重点，就没有目的；全都是重点，就等于没有重点。新闻稿件短小，准备时间短，这给我们明确目的带来了难度。

（5）理出播音提纲

在完成了上述内容后，如果有一个提纲，不管是成文的，还是腹稿，只要对先说什么、后说什么、哪里要重点讲、哪些地方可以一带而过有一个大致安排，就可以使播讲变得有条理。理出新闻提纲，也是同样的道理。

2. 新鲜感要强

新闻之所以能够成为新闻，首先在于它具备新闻价值，而且“新”。所以，我们在拿到新闻稿件之后，除了要深刻地理解新闻内容和层次，还要看到新闻“新”在什么地方。究竟是时间新、内容新，还是有新的思想或新的角度。只有理解准确，才能让我们的表达更加准确。而我们在这里讲到的“新”，既是新闻的新鲜感，也是新闻稿件的灵魂。

那么，何谓新鲜感呢？新鲜感指的是让受众切实感受到播音员报道的是他们最为关注或感兴趣的最新信息，以此吸引他们的注意力，并引发他们的情感共鸣。

那么如何找到新鲜感呢？这需要播音员特别注重两个方面：一方面，要深入了解背景情况，抓住其中的新鲜要素；另一方面，要深入地感受新闻事件，培养传播信息的强烈意识。

（二）融媒体时代下的新闻评论播音

新闻评论在播音主持领域扮演着主流媒体的引导角色，明确地传达着媒体的立场。即便在新媒体时代，这种展示媒体态度的播音风格仍然不可或缺。在信息碎片化传播的环境下，它成为播音艺术的核心。播音员和主持人需要具备政策理论水平和大众主流社会的道德观念，强化社会责任感，在表达时既要以合理的逻辑说服人，又要善于引导，把握情感和态度的平衡。

评论属于议论文的一种形式，广播电视宣传中的评论性稿件通常属于新闻评论。新闻评论是一种具有政治性的新闻文体，通过有声语言传播方式表达。通过对新闻事件的议论，学习者可以基本掌握广播中的一种重要语体——议论语体，为日后播出文章或主持评论性节目打下基础。我们都熟悉议论文这种文体，而在广播电视新闻节目中，它以新闻评论的形式展现。

新闻评论以议论为主要表达手段，通过呈现事实和逻辑推理，直接阐述作者的观点和立场。其核心要素包括论点、论据和论证。新闻评论就是对当前普遍有意义的新闻事件和重大议题进行讨论，通过有力的说理表达作者观点和主张的一种政治文体。它具有强烈的针对性和引导性，是所有新闻传播工具中各种评论形式的总称，属于论说文的一种。

评论性播音的特点在于明确的观点、严谨的逻辑和以理服人。评论稿件有多种类型，主要包括本台评论、本台评论员评论、本台短评、演播室谈话、记者述评、编后话等不同形式。

1. 分析稿件——全方位

特点：新闻评论是一种具有政治性的新闻文体，一方面具备政治论文的鲜明特征，即以政治思想为基础，以逻辑论证为主要手段，对重大事件和问题进行深入分析和阐述；同时，它也具有鲜明的新闻性。

对象：主要针对重要的新闻事件、问题、倾向。

任务：通过对新闻事件或新近出现问题、趋势的详尽分析，直截了当地表达作者的观点，明确阐述立场，提出解决问题的方法，从而发挥影响舆论、引导舆论、指导社会生活的作用。

2. 了解内容——抓结构

了解内容意味着明确文章所基于的实际情况，以及阐述了哪些原则，阐明了哪些观点和建议等。这些可以通过概括自然段主旨的方法获取。抓结构时要注意文章层次间的内在联系，以及各个层次与中心论点的关系，也就是把层次划分放在文章的整体考虑，即找出论点—层层分析—步步论证—受众留有印象。

3. 弄清主题——抓逻辑

文章的主题，也就是中心论点体现了文章的政治性和思想性，是文章各个观点的汇总和集中表现。

弄清主题：首先要找出文章中所有的论点，然后对这些论点进行比较，看哪些论点是为其他论点服务的。通过这个比较，可以找出中心论点，也就是主题。

找论点：研究文章的结构和表现形式。

有些文章可能只有一个主要论点，而有些文章可能有多个论点。需要准确地找到主要论点的位置，有时可能在文章开头、中间或结尾，有时也可能在开篇、收尾、首尾包围之间，以服务于中心论点。

注意有些文章的中心论点可能没有明确表达，需要我们通过总结和归纳来确定。抓取逻辑结构，包括分析评论的逻辑结构和方法；分析中心论点与分论点的关系，即“总纲”；分析分论点之间的关系，如递进、并列、接续关系；分析论点与论据之间的逻辑关系；分析层次内部的论点和论据的论证方法；分析观点与材料之间的关系。

在分析的过程中，要按照文章的逻辑思路进行，避免过于详细和死板。

播报时，要结合播报实际把握目的。结合实际是指考虑社会实际情况，目的是指播报的目标，即宣传目标。要根据播报实际情况推动情感的酝酿，做到情感真实。结合实际可以借鉴身边类似事件产生共鸣，如结合日常积累和观察等。抓住目的是指明确文章的问题、文章为何发布以及发布产生的效果。

另外，要确定受众并表达态度。确定受众要注意两个方面。首先，确定受众是谁以及如何与他们交流。最好选择与所播内容相关且最有兴趣的受众，以便有效交流。其次，在与受众交流时，要感受到他们的参与，使他们随着内容的深入产生共鸣，并对播音员产生积极的影响。抓住态度是指播音员对稿件的看法和立场。

4.评论稿件的表达

（1）语言表达的基本要求

观点鲜明：首先，全文的态度和倾向必须清晰明确。播音员的情感和态度应与稿件一致，并以适当的语气表达出来。其次，论点部分强调的鲜明性应有所区别。中心论点在整篇文章中具有引领性作用。分论点需要与中心论点区分开，但不必与重点段的中心论点强度相同，可以采用介于中心论点和常规论点之间的语气。

逻辑严密：评论文章的逻辑力量是指文章中心思想相互间的有机联系，通过有声语言准确再现，包括层次、论证，要注意条理清楚、重点突出。

层次涵盖大层次、小层次和句子之间的关系。播音员通过适时停顿和语气转变来清楚地表达层次关系。大层次和小层次的转换和停顿应有所区别。大层次的语气较强，停顿较长；小层次则相对轻松，前者基础上采用降—平—降或降—升语气。

论证要确保准确表达论点和论据之间的关系。论证方法包括归纳、演绎、举例、反驳、引用等，注重以事实和逻辑来阐述，通过逐步的表达方式逐渐影响受众，使他们接受文章的观点。论证重点内容要突出，要通过语言表达体现出重点段落的确定。

（2）语言表达中应该注意的问题

评论是说理的，所以评论播音最重要的特色是以理服人。

感情和语气：评论文章要晓之以理、动之以情。随着评论的深入，播音员的情感也应相应地变化，以实现情感和逻辑的融合。情感的表达需要通过语气传达，以达到宣传的目的。适用的语气包括中肯、抒情和亲切，但需要根据逻辑的发展和播讲目的把握适当的程度。

逻辑与重音：正确确定重音至关重要，应根据文章的逻辑来决定。重音的准确性体现了逻辑的严密性，并影响着表达的分量。同时，要平衡讲道理的节奏。不同的文章节奏各异，播音时不能过快，应留出受众回味和思考的余地。此外，要学习评论的修辞手法，以增强说服力和感染力。要用理性说服人，同时保持大度而广博的态度，使听众在聆听后产生信服之感。

（三）融媒体中的电视新闻播音

1. 电视新闻常见的构成形式

（1）口播新闻

口播新闻是电视新闻播音员面对观众播报的新闻播出形式。口播新闻是在还未获得图像材料和无法获得图像材料时，快速发布新闻的最简便方式。尽管它不是具有图像特点的典型电视新闻形式，但在报道各种无法捕获图像的突发事件时确有用武之地。

（2）图像新闻

图像新闻用拍摄的场景画面展示新闻事件，用摄像机记录新闻事件过程中的真实场景，具有逼真性强、传递信息量大的特点，是具有电视特征的新闻表现方式。

（3）现场报道

现场报道是由电视记者在新闻事件现场进行新闻现场报道，报道的主角是现场的电视记者。它通常由主持人或记者在现场对事件进行描述，不再需要后期配音。现场报道可以由记者对已经发生的新闻事件进行讲述，不必花费过多精力去拍摄已不在现场的相关素材，提高了新闻的时效性。

（4）演播室采访

演播室采访是由电视新闻播音员或节目主持人在演播室内对特定人物进行采访，采访过程直接在新闻节目中播放。这种采访多是对专家学者或政府官员的简单咨询，目的是请他们对一些新闻事件做出解释，帮助观众了解新闻事件的背景、意义。

（5）远距离采访

远距离采访是媒体借助现代通信工具，由新闻播音员或节目主持人从演播室实时对身处外地的电视记者、新闻事件当事人或知情人进行采访。这种采访，被采访者没有较长时间准备，具有时间和空间的直观性，屏幕上常常伴有播音员或节目主持人洗耳恭听的形象。对方的身份用字幕或资料回传显示，新闻内容主要依靠对方讲述。

电视新闻的构成形式是随着电视通信技术的发展而产生的。随着电视技术手段的不断发展，电视新闻节目将为受众带来时效性更强、内容更多的表现形式。下面就其中最常用的口播新闻、现场报道做详细阐述。

2. 口播新闻

口播新闻是电视新闻播音员在镜头前向观众播报新闻稿的播音形式，它是电视新闻最早采用的播报方式之一。尽管随着节目制作手段的不断进步，越来越多的新闻采用现场拍摄的图像，但口播新闻仍有其存在价值，许多突发新闻在图像尚未获得或无法获得之时，可以用口播方式及时播出，以提高时效性。也有些新闻内容抽象，不便使用图像形式表现，就适合于口播。

在口播新闻中，播音员直接面对观众，其在屏幕上的呈现形象会直接影响观众的感受。播音员的屏幕形象可分为两个主要方面，即外貌形象和表达态度。在此，外貌形象主要指的是面容特征。口播新闻为了突出主体，会将播音员的形象集中在面部，多采用上半身或头部特写镜头，面部形象缺陷会暴露得更明显，面部比例不协调或两侧不对称等形象问题在镜头前会被放大。良好的电视播音员形象应当端正、匀称，没有明显缺陷。

播音员的表达态度体现在面部表情和与观众的视觉接触上。在口播新闻中，播音员的面部表情是基于对稿件内容的态度、观众的认知以及个人身份的定性表现出来的。这三个因素共同决定了播音员应该呈现何种表情。将这三个因素紧密结合，能够让播音员更加准确地传达所需的表情色彩。如果将这些因素割裂开来，播音员的表情可能会显得不自然，甚至怪异。在播报新闻时，主要目的是向观众提供信息，而不是通过感情来感染观众。因此，在电视新闻播音中，表情不应过于夸张或强调，应遵循“适度而不失真”的原则，确保表情与播音员的身份相符。另外，也不能一开始就低头看稿，因为尽管声音会传入观众的耳朵，但他们会感觉你并不是在对他们讲。只有当播音员抬起头，面对观众，形成视觉接触之后，观众才会有“和我讲话”的感觉，才能参与交流。因此，口播新闻必须与观众视觉接触。尽管这种视觉接触并不像生活中那样，双方都能看到对方，但它的作用与生活中的视觉接触类似。那么，播音员应该如何实现与观众的视觉接触呢？在这里，眼睛的焦点和内心的意念成为实现这一目标的有效方法。通过将注意力集中在眼睛注视的焦点上，并用内心的意念与观众产生联系，播音员可以有效地实现与观众的视觉接触。生活中双方在交谈时，说话者通常需面向对方，同时眼睛要注视对方，注视的焦点一般是在对方脸上，这样才显得诚恳和专注。如果面对谈话对象，但目光散射，没有集中在对方身上，对方会怀疑你没有在真心与他讲话，起码会感到你有点心不在焉。播音员在镜头前面对远在屏幕另一端的观众，也应将目光集中在他们的脸上，使观众感到播音员是在认真地与自己谈话。具体来说，就是播音员要把目光集中在镜头上，同时利用意念想象镜头就是自己的观众。

口播新闻稿时将注视焦点集中于镜头并不像人们想象的那么容易。播音员低头看稿时，眼睛与稿子的距离不过一两尺，抬头注视镜头，距离可能有几米。眼睛的焦距变化过快，一下子很难适应。有的播音员抬头后一下子找不到注视的焦点，会让人感觉很木然；低下头时，焦距变短，眼睛会找不到应该看的地方，常常造成迟疑。另外，演播室内播音员座位上的灯光强烈，摄像机所在位置灯光较暗，眼睛频繁在明暗之间转换注视不容易适应，这就给播音员不断抬头注视观众带来困难。

口播新闻中的播，包含着背的因素，并不是完全照着稿子念。然而，这种“背”并非要事先将整篇稿件背下来，而是依赖于灵敏的反应力和出色的记忆力。在熟悉备稿的基础上，播音员可以通过快速的眼神扫描，将稿件中的某些句子和段落记在心里。然后，在脱离稿件的情况下，他们可以面向观众将内容流利地播出。

口播新闻中低头和抬头是主要的身体动作。由于出像多采用肩部以上的特写镜头或胸部以上的近景，面部表情和头部动作会清晰地暴露在观众面前。因此，播音员要对下列影响动作和表情的细节格外注意。①抬头和低头角度不要过大。角度大，头部的动作幅度大，动作速度慢，会显得很笨拙。稿子可以略微靠前，使头不至于太低。②抬头时应把头抬起，正面对观众，不要向上翻眼看观众，也不要抬得太高。③在抬头和低头时要注意速度，不要过于迅速或过于缓慢。特别是低头时，过快的动作会显得匆忙，还可能给人一种急于寻找词语的印象。可以借助语句停顿协调抬头和低头动作，以保持与语句的节奏一致。④在抬头和低头时要保持表情的连贯，不要出现抬头时笑容满面，低头看稿时眉头紧锁的情况。因为观众在你低头的时候也会观察你的表情变化。⑤在口播新闻时，播音员除了进行抬头和低头的动作，还可以伴随着断句进行一些轻微的头部动作，比如轻轻点头或略微向两侧转动。然而，最好避免肩部的晃动，保持动作的稳定。播音员的目光从一台摄像机转到另一台摄像机的转换过程称为转机。新闻通常使用转机方式播出，导播与播音员之间应有事先约定，也可以由播音员或导播发出信号，提醒对方注意切换。例如，播音员可以用低头看稿发出转机信号，使导播有切换画面的心理准备。

播音员在转机时，应保持表情和语言的连贯。低头动作只是为了转换目光，不要停留较长时间。抬头转向另一台摄像机时，目光应有稍许停留，这可方便导播切换。如果导播还未将画面切换，屏幕上还保留原有机位画面，这时画面与声音就靠播音员协调了。

在直播时，情况可能会变得复杂些。如果每条新闻都采用口播后插入图像新闻的方式，没有两位播音员图像衔接的镜头，两位播音员可以使用一台摄像机，摄像师在播放图像新闻时，将镜头对准另一位播音员。如果两位播音员的画面相互衔接，双方应使用不同的摄像机，由导播在一位播音员播报结束后，将另一位播音员的画面切入。

3. 现场报道

（1）现场报道的含义

现场报道是主持人或记者在新闻事件发生地实时观察、聆听、描述和评价的一种报道形式，通常使用直播或录播两种方式进行。

什么样的主题适用于现场报道呢?

第一，主题必须具有明显的新闻价值，突出新闻事实的重要性；第二，报道主题应该具备场面集中的特点，新闻事实呈现出明确的单一性，方便记者在现场进行观察、采集和叙述；第三，选择的主题必须是正在发生的，处于“现在进行时”；第四，新闻现场的同期声效应应该具备典型性，能够有力地展现新闻事实；第五，选取的主题必须适宜公开报道，不涉及保密等敏感问题。

（2）现场报道的特征

现场感是现场报道的主要特征之一。主持人在新闻事件现场实时观察并即时叙述，直接完成采集、编写和播报等任务。主持人首先需要说明新闻事件的发生地点、时间和相关人物，接着以生动形象的描绘描述现场的客观环境和活动场景。随着新闻事件的进展，主持人要持续向受众介绍事件的发展情况。尤其需要注意的是，如果地点或场景发生变化，必须进行说明。同时，主持人还需随时采访相关人物，对事件的发展进行适当的评论。主持人在整个过程中应以最快的速度将现场的新闻动态传递给广大受众，以让他们产生身临其境的感觉。

（3）现场报道的语言

首先，主持人应该身临其境，以描述为主要目标。通过言语描绘事情和场景，进行现场观察、实况解说、现场采集或传递报道。其次，主持人需要引导受众进入现场，让他们通过听、闻、看、嗅、感等感官感受到现场发生的一切。最后，报道应当符合时空背景，清晰交代事件的前因后果，起到引导受众的作用。报道要有生动的色彩感、节奏感（符合氛围，有动感），可以利用现场音响效果增强报道的氛围。

二、融媒体时代的新闻主持

（一）对融媒体时代新闻主持的理解

随着我国信息传播业多元化发展趋势的加快，传统媒体遇到了前所未有的机遇和挑战。我们试图通过对新闻主持人节目发展方向的分析，初步探讨我国新闻主持人时代主持人个性的锤炼，呼唤最具竞争潜力的新闻主持人时代早日到来。

1.新闻主持人的定义

新闻主持人这一概念最初由哥伦比亚广播公司的编导唐·休伊特提出。英语中的“Anchor”一词最初指的是接力比赛中的最后一棒，后来引申为在特定的新闻板块中担任主持工作的人。主持人在节目中担任主导角色，参与节目的策划、组织、串联、编辑工作，是节目演播阶段的指导者和代表人物。主持人需要具备采访、编辑、播出和评论等多方面的素质，他们参与选题的制定，进行现场采访，善于在错综复杂的世界中抓住新闻要点，拥有高度的新闻敏感性，能够深刻地反映最新、最有价值的新闻信息。

2.新闻主持人的地位与模式

我国的广播电视媒体都是以新闻立台的。从一定角度来看，是否存在新闻主持人可以被视为衡量一个国家或地区节目主持水平是否成熟的重要标志，也是衡量一个新闻传媒是否具备现代意识的指标。

广播电视媒体中的“节目主持人”概念在中国起步较晚，但其发展非常迅速。广播节目要“声情并茂，悦耳动听”，电视节目要“形神兼备，赏心悦目”。我国的新闻主持人历经几代人的共同努力，目前已形成以下几种主持模式。

（1）播报模式

播报模式是一种最简单、直接的传达方式，常见于各类专栏节目和消息类节目。举例来说，中央广播电视总台的广播节目《今晚八点半》和《午间半小时》，电视节目《新闻直播间》，以及安徽广播电视台的《第一时间》都是播报模式。

在这种模式中，主持人按照特定的包装方式进行节目运作，主持人作为信息传播的载体，注重语言的交流感。有时节目甚至可以根据主持人的个性策划主题、撰写稿件。这种模式为主持人提供了一个稳固的基础，虽然是主持人播报，但并不排除其在节目的采编环节中参与的可能，实际上主持人播报是播音员的一种特殊形式。

（2）播讲模式

广播电视节目设置栏目的主要目的之一是让传播者更接近受众，更有效地传达节目内容，而主持人的播讲模式正是在体现这一目标。中央广播电视总台的《朝闻天下》和《新闻30分》栏目就是这一主持模式的极好例证。在播讲模式中，主持人的语势通常平稳，没有过大的起伏，如行云流水般自然流畅。因为观众是在迅速“听”节目，所以需要一种像流水一样的流畅语势，以便画面运动与语言表达相得益彰。

（3）串联模式

新闻主持人在节目中的参与，会带来出人意料的效果，如产生活力，创造出“新的语境”，从而与受众更亲切地交流。近年来，主持人逐渐从单纯的播音中解脱出来，开始涉足编导领域。他们通过写好的串联词，交织活跃的氛围，组织现场的即兴表现，在发问、应对、串联、衔接、评论等节目流程中，努力调动受众的情感，形成良好的互动关系。

（4）主持模式

随着中国年轻的新闻主持人在告知和评述领域的不断进步，他们不自觉地步入了节目主持艺术的门径。热线直播在广播中、现场连线在电视中的应用，为节目的采编和播出提供了机会。这既使节目更富活力，也促进了广播电视功能的全面发展。主持人有时以有稿播音的方式进行，有时则以提纲加资料的无稿播音方式进行。为了强调节目的时效性，多数主持人采用直播形式。在整个节目主持的过程中，主持人成为焦点，他们的评论和态度直接影响着受众的感受。

3. 传播自我——主持与播音的分野

在互联网时代，人们对广播电视节目的认识，以及对作为媒介角色的播音员的认识一直在变。如今，普通人也可以尝试播新闻。也正是因为任何人都可以尝试播新闻，这又加深了对新闻播音难度的认识。在设备和平台门槛不存在以后，媒体的发展促使人们要求对话的呼声越来越高。这让很多网民跃跃欲试，在网络上当起了主持人。有人甚至提出，播音员时代已经结束了，播音员终将被主持人所替代。尽管这个结论下得十分草率，缺乏科学的理论根据，但它表达了这样一个意愿，即播音员已不适应时代发展的需要了。尽管学术界也有不少人闻风而动，倡导主持人中心制，以期完全取代播音员，但迄今为止，播音从未消失，播音员也从未退居幕后或改弦更张。其实，播音员与主持人不同的传播信息的方式，决定了谁都无法取代谁，二者的传播方式是他们存在合理性的根基。

（1）播音中情、声、气以及各种有声语言表达手段都是艺术的精华

播音员在播报新闻稿件时，以明朗的实声为主，吸气时需保持稳定的压力，以新闻播报的新鲜感引导气息和口腔的运动。播报评论性稿件时，声音应该是实声，具备响亮的特点，语调应该端正，发音应该准确，气息状态需要保持均匀和沉稳，以体现庄重大方、认真严肃以及清晰明了的特点。在播报叙述性稿件，如知识性、趣味性、服务性内容时，播音员的声音应该柔和一些，充满兴趣，生动有味。口腔动作应该放缓，发言应该轻松，吸气量可以减少，呼气需要均匀舒缓，声音要有明暗变化，保持柔和且不失沉稳。在播报鼓舞人心、具有鼓动性的片段时，声音要更为坚定，发音需要有力，字头需要带有气，呼气要有压力，声音要明亮且高昂。而在播报紧张、惊讶、感叹以及想象的部分时，可以使用带有气息的虚声，即气伴随声出，以增强气氛的渲染效果。播音员需要根据内容调节口腔力度和气息的多少，实声和虚声要结合运用，避免过度虚声，同时也要避免过于夸张或刻意装饰。每一篇稿件都有它的个性，从目的、内容、基调到体裁、结构、语言特点，都有不同于其他稿件的东西。

播音语言的发声特点告诉我们，播音是以嗓音为主的艺术创作手段，它的情、声、气以及各种有声语言表达手段都是艺术的精华。

（2）主持在新的传播形式面前完成从“员”到“人”的转变

实际上，主持是一种工作方式，主持人充当着新闻信息传达的最后环节和最后一道工序的角色。对广播电视从业者而言，主持是一种能够有效与受众沟通的表达方式，它需要具备社会责任和人文意识。在网络时代，主持人的正能量越大，其在主持节目当中所起的主导作用才会越强。因此，相较于播音员，主持人更凸显出“人”的自主意识。

（3）主持与播音实际上是一个对新闻信息和节目介入程度的问题

不能比较播音员和主持人的素质高低，二者的工作方式不同、传播产品不同。主持和播音将是媒体两个不同的发展方向，在我国广播电视界，两种工作方式将同时存在。所谓“主持人中心制”，主要是就主持人在节目中发挥作用的程度而言，主持涵盖播音一说目前行不通。其原因在于中国节目主持人的素质短期尚无法达到那一步；即便素质成熟了，作为一种声音艺术的播音也仍将占据传播领域的一席之地。播音是广播电视工作者的基本功，主持人是要用语言内容打动人、感染人，播音员则是靠声音形式对稿件进行再创作。况且有很多名牌栏目至今都无法说清楚是播报还是主持，主持人除了出来念念串联词，没有具体地发挥作用。但这些栏目都是响当当的栏目，受众都喜爱。这也说明了传播方式的微妙性与复杂性。

4. 专门化不等于专业化——新闻主持人理论的误区

随着新媒体的兴起，广播和电视节目逐渐趋向类型化。一些理论学者曾提出，主持人应该像学者一样具备专业知识，这可以让他们的视野更开阔，基础更深厚，更能游刃有余地主持节目。然而，实际情况是，这种要求难以实现。无论是国内还是国外的主持人，都难以在多个领域都具备专业知识。克朗凯特虽然在主持登月任务的节目中展示了丰富的学识，但他并没有成为一名天文学家或物理学家。理论可以为实践提供指导，但绝不能取代实践；反之，过于理论化会导致脱离实际，空谈理论。许多学者缺乏媒介角色的体验，也没有深入实际，没有在新闻一线体验生活，因此容易产生不合适的评论。许多优秀的主持人并非一流大学甚至大学的毕业生，他们之所以脱颖而出，是因为社会和生活的磨炼。在庞杂的社会系统中，主持人的潜力与新闻传播相遇，从而在特定的时间和节目中迸发出火花，让兴趣和才能得到发挥。在网络时代，新闻主持人的专业化实际上更应该是专门化，无论主持人的背景如何，都会受到新闻素养和传播理念的影响和限制。

5. 现场创造性传播——新闻主持人的终身定位

新闻事件的现场是最能够凸显新闻主持人才能和应变能力的地方，没有什么能够阻挡主持人对现场的深情，以及他们对现场信息的挖掘和整合。随着直播技术的广泛应用，现场将成为主持人斗志昂扬的战场，这个舞台将打破所有那些有关新闻传播的不切实际的幻想，促使传播者回到关注实力的重要性上。

6. 富有深度——长期磨炼的结果

新闻主持人的功力要靠长期地深入新闻实践，不断锤炼自身素质获得。

要深入实地采访，进行深入的调查研究，全面掌握新闻事件的始末、因果关系；要注重对事件的深刻分析和评估，具备独立思考的能力，提出独特的见解；要汲取社会上的特殊观点，具备独到的洞察力和创新思维。

（二）融媒体新闻主持人的策划和采访

1. 节目策划

（1）基本概念

新闻主持人的策划涵盖了材料收集、主题探索、节目定位、内容选择、方案制定以及主持人风格等方面，它们的出色完成可以推动节目的创新和系统性发展。策划过程是创造性和积极的思维活动。策划涉及以下基本问题：①如何确定节目名称和定位？②如何构想策划这个节目的创意？③涵盖的节目内容属于日常生活的哪个领域？④从哪个角度进行创新？⑤节目的形式有何特点，创意的背后是什么？⑥受众会喜欢这个节目吗？为什么？⑦节目的预计时长是多久？⑧播出安排如何规划？⑨需要的内容从何处获取？⑩节目需要几名主持人？如何协作？⑪怎样设计片头、宣传语和背景音乐？⑫市场定位是什么？可能吸引哪些赞助商？⑬媒体互动如何展开以及如何应对？

（2）创新能力的培养

在培养创造性思维时，可以关注以下几个方向：①以不同的角度审视问题；②向外部人士征求对自身目标的意见，因为他人的观点能帮助我们更好地思考；③保持孩子般的思维活跃性；④锻炼联想能力，通过挑选关键词汇激发创意思维。

2. 新闻主持人的采访

（1）采访的定义

采访是新闻界专业人员为了进行新闻报道而开展的访谈、观察、调查和分析等业务活动。

（2）新闻线索

新闻线索是预示新闻事件发生的信号和迹象，是呈现新闻事件轮廓或片段的简要描述，对记者追踪新闻方向和展开调查提供了基础和指引。

（3）新闻线索的主要来源

新闻线索的来源主要包括：①记者个人的观察和积累；②编辑部的报道提示或分派的任务；③会议、文件、简报、政策、领导人讲话等相关信息；④受众提供的信息；⑤从其他媒体获得的信息等。

（4）主持人采访的特点

主持人的采访是将现场采访的全过程呈现给观众的过程。现场采访不仅仅是收集各种素材，同时也包括对这些素材的实时加工处理。采访过程即节目呈现，因此必须一次性完成，没有重新弥补或重来的机会。

（5）采访的准备

在进行采访前，主持人务必要了解被采访对象的背景信息，包括其职业、年龄、教育背景、成就和影响力等方面的情况。应尽可能查阅与采访主题相关的专业著作、学术论文和评价等，以作为参考资料。

设计提问问题：在设计采访问题时，需要注意以下几点。紧密贴合主题，问题要简明扼要，可将庞大的问题分解成多个具体问题；向被采访对象提出与其熟悉领域相关的问题；设计的问题应该符合受众的关切和好奇心，满足他们最想了解的内容；提问时要把握好度，即在涉及事物数量和质量方面的把握；为了保证充足的采访素材，应该多角度设计问题以备挑选；平时要注意积累资料，以建立自己的信息库。

采访技巧：在采访过程中，需要灵活运用采访技巧，寻找自己与被采访对象的心理共鸣点，通过共同话题建立联系。要善于与对方亲近，从而引发讨论。

在采访中，可以运用多种灵活变化的提问方法，具体包括以下几种。

①直截了当地提问：直接提出问题，迅速引出话题，适用于那些愿意畅所欲言的人。

②抓住热点提问：针对当下热门话题，引发被采访者的兴趣，迅速进入讨论。

③一针见血式提问：提出精准而深刻的问题，聚焦关键问题，迫使被采访者做出有深度的回答。

④求教式提问：以一种谦虚的方式提问，让被采访者感觉到自己被尊重，从而更愿意分享观点。

⑤迂回式提问：通过迂回的方式引导对话，逐步揭示被采访者的观点和立场。

⑥发现新鲜点，及时追问：在对话过程中发现新的有趣观点或信息，应立即追问，深入挖掘内容。

开放型问题是一种常用的提问方式，即记者只提示某个话题范围，让被采访者自由发表意见。例如，“您对这个问题有什么看法？”这种方式适用于经验丰富、擅长表达的采访对象，或者在访谈进行到一定阶段后，可以采用开放型问题。

（6）恰当地控制场面

在采访中，主持人需要同时负责气氛的调控和时间的掌控。在与被采访对象交流的过程中，要注重倾听并迅速做出反应，及时纠正偏离主题的话题，学会概括对方谈话的要点。对于重要或精彩的观点，可以适时重复强调，补充对方未完整表达的问题。同时，要根据预定的程序有序地引导对话，确保访谈按照设定的方向进行。

第二节　融媒体时代的网络播音主持艺术

一、融媒体时代网络播音主持艺术的发展现状

20世纪末，以世界信息高速公路的建设为开端，通信和传播领域开始了持续改革。改革围绕扩大消费人群、增加赢利份额进行，技术革命和市场竞争互相推动，互联网、电信网和广播电视网从三网竞争到三网融合。

2013年1月，国家广播电视总局发布《关于促进主流媒体发展网络广播电视台的意见》。3月，国务院宣布了机构改革和职能转变方案，国家广播电视总局和新闻出版总署整合，形成了国家新闻出版广电总局。5月，百度完成了对PPS视频业务的收购，将其与爱奇艺进行了合并，爱奇艺由此成为中国最大的网络视频平台。6月，中央电视台的24个公共频道开始采用网络化制播技术进行播出，这使其成为全球首个采用全流程网络制播系统的国家电视台。12月，中央人民广播电台国家应急广播中心正式揭牌，

国家应急广播社区网站（cneb.cnr.cn）同时上线运行。

广播电视作为传统媒体开始尝试跨界传播，三网融合引发网络、平台、终端融合形成视听新媒体，使播音主持事业获得新的发展空间。手机、平板电脑、家庭媒体网关、数字电视机顶盒等接收终端的多元化，节目内容和形式的改变，都对播音员、主持人提出了新的要求。

2013年4月，四川省雅安市芦山县发生7.0级地震，中央电视台以卫星直播的方式报道，主持人既在直播室主持，电话连线一线记者和嘉宾，又作为记者深入一线采访报道。中央人民广播电台开播国家应急广播——芦山抗震救灾应急电台，主持人在台网互动模式中，通过点对点的信息服务，发挥了政府“大喇叭”和百姓“求助台”的良好中介作用。

2013年12月，嫦娥三号探测器登月，中央电视台采用虚拟演播室技术展示了着陆器着陆过程。这要求主持人将虚拟场景和现实情景通过想象、联想有机结合。

2015年、2016年，传统媒体和新媒体的合作与融合进一步加强，在节目内容生产方面更加重视原创性。

二、融媒体时代网络播音主持人才的特色与能力

（一）网络视频节目播音主持的特色

1.语言的自由性

随着网络媒体的兴起，网络视频节目作为新型媒体形式，有相对更多的自由性。网络媒体平台为许多传统媒体所不涉及的议题提供了更广阔的舞台。

2.表达形式的丰富性

与传统媒体相比，网络视频节目主持人在节目呈现方面拥有更多的创

意空间，可以以更多样的方式呈现节目内容。在新闻直播节目中，主持人可以摆脱传统严肃形象，融入说唱、朗诵、脱口秀等元素，提升观赏性。同时，可以通过轻松、幽默、诙谐的态度与语言，与观众建立更亲近的关系，使节目更富趣味，并给予观众真实和亲近的感觉。

3. 对节目的驾驭性

在激烈的网络竞争中，网络视频节目需要不断创新以脱颖而出。在这个过程中，主持人作为核心，会根据自身风格量身定制节目。这种有针对性的制作方式可以使主持人更快地融入节目，适应变化，同时也更容易在节目中留下独特印记，展现个人特色。

4. 自助协作性

网络视频节目主持人在竞争激烈的环境中需要投入更多精力和心血。为了增加节目的吸引力和生存率，主持人可能不仅要扮演主持人的角色，还要参与节目的策划、采集和编辑等环节，甚至还会担任节目的其他角色，如策划者、演员、歌手等。

5. 更强的交流性

网络视频节目，尤其是直播节目，通过网络带来了一种全新的交流模式，即主持人与观众之间的实时互动。观众不仅可以观看节目，还可以在直播页面上实时聊天交流，主持人能够即时获得观众的反馈，进行快速沟通。同时，观众之间也可以互相看到彼此的互动，共同参与话题讨论，这也促进了更广泛的交流。这与传统媒体相比是具有很大优势的。传统媒体也通过手机短信、网络留言等形式使节目主持人收到反馈，但这仅仅是单方面的，速度也无法和网络相比，听众之间也无法进行沟通。[①]

---

① 高璐. 网络媒体时代播音主持艺术发展探析［J］. 陕西青年职业学院学报，2021（2）：56-58.

（二）网络视频节目播音主持的传播特色

1. 网络热门话题的及时追踪

由于媒体的性质和定位不同，电视主持和网络主持在制作团队、信息来源和受众范围等方面存在显著差异。电视节目依托广电文化体制，汇聚了经验丰富、正统权威的创作队伍，强调文化自觉意识，深谙舆论宣传之道，体现了行业的权威性和正统性。相对而言，网络节目的信息来源更为多样，制作队伍的水平参差不齐，难以确保节目制作水准，但也蕴含了无与伦比的自由创作机遇。在眼球经济的驱动下，虚拟世界孕育出一批网络红人，引发不断涌现的热门话题，同时也滋生了媒体领域的各种奇观现象。

在网络领域，由于内容呈现的多样性，那些独具个性、妙趣横生、见地独到的内容更容易受到大众欢迎。网络节目能够巧妙地解读热点议题、流行趋势和文化焦点，更贴合大众的认知水平和兴趣领域，更准确地捕捉社会心理，以独特的风格呈现真实的社会画面。

2. 网络互动方式的充分运用

在电视媒体时代，节目主持与观众互动主要采用传统的通信方式，如书信、电话、短信等。电视与观众处于信息传递的两端，缺乏及时有效的互动手段。然而，在网络时代，信息传播呈现出去中心化和匿名性等特征。异步交流方式，如文字符号、表情图片、邮件消息等广泛应用，网络聊天室更是拉近了媒体与受众的距离，实现了音画同步、在线交流，真正激发了人们的实时参与感。

此外，随着微博、微信等新媒体技术的兴起，人们的信息沟通方式变得更加多样，实现了社会化网络的信息发布和共享。每个人都成为网络节点，同时扮演着信息的起点、中转站和终点的角色，构建起媒体生态环境的基本功能。多样化的互动方式成为网络主持的重要特征之一。

在网络直播中，用户有机会通过向主播赠送虚拟礼物来表达支持。这些虚拟礼物实际上是以真实货币购买的，而主播可以将其兑换成现金。此外，主播的收入来源还包括商品推广分成、电商变现、产品代言等。对观众而言，通过赠送虚拟礼物的方式，他们可以获得情感满足。这种互动机制实际上创造了一种双赢的局面，既满足了主播的经济收益，也让观众得到情感上的满足。

3.网络传播主体的有效推广

时至今日，人们正积极地尝试通过自媒体等渠道获取信息，并在此基础上进行价值分析和判断。与传统电视媒体机构主导的信息传播相比，网络节目主持人的角色是一种点对点式的网络传播，其品牌效应成为大众乐于参与和分享的主要推动力。那些口碑良好的节目往往更容易赢得广大观众的喜爱。

同时，网络传播主体的多样性特征加速了信息流动的无序性，甚至出现了病毒式的疯狂传播，能在短时间内制造舆论话题，产生传统媒体难以比拟的聚合效应。网络视频使之前在新闻制造边缘的受众开始成为新闻信息传播的核心力量，进而从根本上争夺并分化受众的关注，催生出独特的舆论领袖和代言人。

三、融媒体时代网络播音主持实践与人才培养

对于网络播音主持，可以从广义上理解为在融媒体环境下，利用各种媒介手段进行有声语言和副语言信息发布传播的活动；狭义上则指在融媒体环境下，通过多种媒体平台，播音员和主持人利用有声语言和副语言进行音频或视频传播的创作性过程。发展网络播音与主持专业必须基于融媒体环境下的实践。当前，国内的网络播音主持实践分为两大类：一是各电视媒体网络平台上的音视频节目播音和主持；二是各门户网站的音视频节

目播音和主持。

从事网络播音主持的主要有两类人群。一是依托网络平台的广播电视新闻播音主持。当前，不论是中央级广电媒体还是地方广播电台、电视台，都借助自身的网络平台进行广泛的传播，从而扩大了传播途径和效果。其播音员和主持人在网络平台上的活动，无法被准确地称为网络播音主持，因为他们的播音和主持实际上并没有发生大的变化，仅仅是在不同的播出平台上呈现。二是利用网络进行有声语言创作、音视频传播的个体及专业群体。如今，在广播电视和网络媒体领域，播客平台逐渐凸显，吸引了大量普通受众的积极参与。这些人利用自己的摄录设备制作音视频内容并进行播音主持。虽然这些作品在制作水平上与专业制作存在一定差距，但初步展现出了网络播音主持的吸引力。这个以网络为媒介进行音视频创作传播的群体，主要可以分为业余和专业两类。业余参与者多数是出于兴趣，如为外国影视作品义务配音的专业参与者。而专业群体主要包括各大门户网站和一些企业自设栏目的播音员与节目主持人。这些栏目通常涵盖新闻访谈等内容。

（一）融媒体时代网络播音主持的实践

进入21世纪，人类社会迎来了信息时代与知识经济时代。在这个高速发展的时代，经济的全球化和文化的多元化已经成为不可逆转的历史趋势。随之而来的是跨文化传播在全球的迅速兴起，而影视艺术作为当今世界影响力最大的艺术创造和文化传播方式之一，在跨文化传播中具有最广泛的观众群和覆盖面。

在媒体技术飞速发展的背景下，广播电视领域已经开始了准网络播音主持的实践。举例来说，湖南卫视采用了电视、网络、手机等媒介相融合的互动形式，使其资源得到了最大化的利用和发挥。

1. 传统方式的网络播音主持

传统方式的网络播音主持实际上是将广播电视平台上的播音主持活动进行扩展，将已经在广播电视平台上进行或正在进行的播音主持传播同步在网络平台上播出。然而，这种方式仅仅是在不同平台上进行播音主持，并非真正的网络播音主持。

2. 依托实践的网络播音主持

真正意义上的网络播音主持具有以下融媒体特征。

（1）现场即时性

现今，借助便捷的媒体平台，人们能够对正在发生或即将发生的事件进行现场直播或即时报道。尽管如今各大媒体普遍采用自主播报的方式，但这种自主播报多半是对事先已知信息有备而来的报道。在这一背景下，网络播音员主持人应具备即时应对的能力，可以通过身边的媒体平台立即进行播报和传播。

（2）恒久的不确定性

由于网络播音主持建立在现场即时性的基础上，因此存在许多未知因素，这会给人们带来恒久的不确定感。未知性通常是普通人容易感到恐惧的因素，也是对播音员和主持人心理素质的最大考验。因为作为一个开放的网络平台，网络播音主持经常会面临许多不可预测的情况。网络平台涵盖了各种人群和各种思潮，社会上一些敏感议题可能会在网络上引起共鸣，这是正常现象。但是，一旦这些敏感议题演变成热点，甚至演变成爆发点，特别是当它们引发群众违规和过激行为时，可能影响社会稳定并导致其他问题的出现。

（3）交互性

网络平台具有开放性，这使得网络播音主持不仅仅是单向传播，还包含双向交互。在这个开放的平台上，每个人都拥有发言权，都可以利用音视频进行信息的发布和传播。在这个环境下，网络播音员主持人需要具备强大的交际能力和亲和力。网络播音员主持人既提供一对一的服务，也同时提供一对多的服务，交际能力和亲和力有助于其实现即时的互动交流。

传统媒体按照不同的节目内容和受众设定不同的主持人，尽管谈话内容有时源自现场，甚至是不可预测的，但每位主持人主要面向一个相对稳定的受众群体传递相同的信息。然而，网络播音员主持人需要面对信息的海洋，并对来自各个角落的网民提出的各种问题做出多样的回应，因此需要适应不确定的受众群体并提供多样化的内容回应。从主持人向受众传播的内容角度看，传统媒体播音员主持人提供一对一的服务，而网络播音员主持人可同时服务于多位受众。从主持人向受众传播的方式看，传统媒体播音员主持人主要采用大众传播方式，而网络播音员主持人主要通过人际传播方式进行交流。

（4）引导舆论兼顾塑造舆论

在传统媒体中，话语权掌握在主持人手中，而在网络媒体中，话语权则掌握在网民手中。传统媒体播音员主持人的节目受时间和录制现场观众的限制，只能在特定时间内与被邀请到现场的观众进行交流。尽管有时场外观众可以通过电话或短信与主持人互动，但受交流的偶然性和时间限制，参与者数量有限。而在融媒体环境下，传播平台扩大，影响力更广泛。

网络播音员主持人不仅在维护社会和谐和引导舆论方面具有作用，还可以在开放的网络平台上积极塑造舆论，促进社会和谐发展。传统媒体的播音员主持人在播音中拥有主动话语权，而网络播音员主持人在开放的网络平台上则需要把握舆论的主动权，成为积极塑造有益社会和谐舆论的推动者。

在融媒体的环境下，培养网络播音员主持人需要强调网络运用和即时反应的业务能力。这意味着播音员和主持人需要在网络平台上熟练运用媒体技能，迅速做出反应。这些技能有助于适应融媒体环境，提升播音员、主持人在网络中的表现能力。

（二）从综合能力培养上发展网络播音主持

在融媒体环境下，网络播音主持呈现出一系列独特特点，其中最显著的特征是人际传播和大众传播的融合，而这也带来了未知因素的扩大。在网络平台上，受众获得了前所未有的主动性和不确定性。过去的特定受众群体在网络环境中已经变得模糊，因此在播音时可能面临着不确定的受众群体和不可预测的新闻事件发展。

因此，网络播音员主持人需要拓宽培养途径，以适应这种变化。这意味着他们需要转变传统观念，不仅要掌握网络相关应用技术，还要发展综合能力。这些综合能力应该包括以下几点。

1. 文学能力

语言文字的运用在网络环境中是基础性的，因为许多交流往往以文字为主。这种情况在传统媒体和新媒体中都普遍存在，因为采编任务通常都以文字为核心，拥有深厚的文学素养是确保工作良好运作的前提基础。对主持人而言，在网络平台进行交流时，现场网络平台的开放成为一个重要的交流渠道。在这种情况下，语言和文学能力的熟练运用是网络播音员主持人成长的基石。因此，通过相关教育培训重点培养这方面的能力显得尤为重要。

2. 采编能力

融媒体的播出平台为许多人提供了自我制作节目的机会，使他们能够在这些平台上展示自己创作的音视频内容。对网络播音员主持人而言，具备一定的采编能力才能为自己制作的节目进行合理的采编，进而可以加强信息发布的时效性和实时性。

3. 审美能力

审美能力指的是个人与进行审美活动相关的主观条件和心理能力。这种能力主要通过“视觉”和“听觉”这两种感官来体验审美感受。然而，每个人在这方面的体验并不相同。个体的天赋素质和后天的培养都在塑造审美能力方面发挥着重要作用。在融媒体平台的背景下，网络播音员主持人的审美能力提升成为提高资源质量的关键保障。这需要拥有找到美的眼光，同时也要具备表达美的能力。具备优越的审美能力，能够掌握高质量的资源，为融媒体平台注入最新、最新鲜的实时信息。提升网络播音员主持人的审美能力，对于提升融媒体平台上所呈现的资源质量具有重要影响。

4. 专业能力

掌握网络相关技术和播音主持技能，是对网络播音员主持人最基本的要求。要具备在融媒体平台上使用各种终端工作的能力，具备必要的网络操作技能，对涉及的所有网络平台内容有基本的掌握，实现资源共享并进行节目播出。专业能力是对于网络播音员主持人的核心要求，需要经过实际社会实践的磨炼。

5. 新闻能力

新闻信息是融媒体平台的核心内容。网络播音员主持人必须具备新闻敏感性、新闻表达能力和新闻写作能力等综合素质，以胜任这一重要职责。

6. 良好的心理素质

面对众多未知因素，网络播音员主持人的心理素质显得尤为关键。在网络平台上，播音创作者与受众共同参与传播过程，因此，网络播音员主持人需要特别注重培养心理换位的能力，以增进与受众的共鸣并激发情感。

此外，熟练运用多种媒体工具、熟悉融媒体环境、广博的知识面和深刻的思考能力，都是必备的。网络交流的实时性要求主持人能迅速应对各种情况，并提出聪明的解决方案。网友之间的交流具有很强的随意性，主持人必须友善地接受各种言论，并牢记网络和言论相关法规和政策，以避免尴尬局面。

7. 交际能力

在当前开放的网络平台中，网络播音员主持人与受众之间的距离变得更近，这进一步增强了节目的凝聚力和亲和力。这就要求主持人必须具备出色的语言沟通和交际能力，提升主持人的交际水平也变得十分重要。

8. 良好的知识积累

作为出色的播音员主持人，需广泛涉猎各类知识。在应对现场突发事件方面，主持人必须能够及时有效地处理，也就是“救场”。在直播节目中，出现冷场现象会严重影响节目质量和收视率。

9. 良好的道德情操

主持人面对的信息来源广泛且多样，知识的获取可能相对杂乱。因此，主持人应具备优良的道德观和明确分辨是非的能力。

网络播音员主持人在融媒体环境中扮演着重要角色，为播音主持事业开拓了新的纵深发展途径。这不仅拓宽了播音主持的领域，也为社会提供了更多所需的人才资源。

第三节　融媒体时代节目主持人的转型升级

融媒体时代，传播媒介间的界限正在逐渐被打破，传统媒体与新媒体的融合引起了传媒发展的深刻变革。技术的更新也对传媒人的工作方式提出了新的挑战，如何调整自己的职业角色以适应新时期的传媒发展成为每一位传媒人都必须正视的问题。“记者型主持人”这一角色是在我国节目主持人职业不断发展成熟的过程中产生的，它常常出现在新闻专题节目、杂志型节目中，并且在产生之初就表现出强大的职业生命力和较高的社会认可度。现在的很多优秀新闻节目主持人都有着记者型主持人的职业角色，如白岩松、水均益等。面对传统媒体的发展与转型，记者型主持人要想在未来的职业发展中不断进步，则需要对自身的职业角色做出客观、理性的分析。角色的认知与把握离不开关系的建构，任何一个角色都不是独立存在的，关系是角色背后的支撑。正如有父子关系的存在，才有父亲的角色；有师生关系的存在，才有教师的角色。很多角色是由多元关系支撑的，主持人角色就是其中之一。节目主持艺术是由反映主持人活动规律的“关系”内核，以及丰富的创作方式方法的“操作”外壳这样两个层面的总和构成的。可见，“关系”在节目主持艺术中的地位何其重要。记者型主持人的发展离不开对角色“关系”的掌控，特别是在当前多渠道的传播途径正在悄然改变传统职业角色关系的环境中，记者型主持人在成功适应了新的角色“关系”的同时，也就完成了自身职业角色的调整。[①]

一、融媒视域下记者型主持人的职业角色内涵

（一）传统的角色认知误区

过去，我国记者型主持人常被看作主持人发展进程中的一种高级形式，因为记者型主持人表现出了比传统的“念稿为主”的节目主持人更全面的能力。他们不仅能坐在演播室里播报、串联信息，还能深入参与节目的整个创作过程，履行记者的责任，实现对节目的整体把控。与之不同的是，西方的“主持人”称谓从诞生之日起就与“记者”有着天然的联系。1952

① 陈慧欣.融媒体时代主持人角色转变的研究［D］.西安：西安工程大学，2020.

年，美国举行第34任总统选举时，多种新闻媒体积极参与其中。哥伦比亚广播公司的制片人、著名节目《60分钟》的总编唐·休伊特在这次选举中首次提出了“新闻节目主持人”一词。他的提议改变了过去电视播音员单调朗读新闻的传统方式。选用经验丰富的记者作为主持人，他们可以与观众直接互动，用生动活泼的方式将报道传递给观众，从而产生出色的视听效果。可以看出，美国的“主持人”说法从诞生之日起就已经有“记者型主持人”的色彩了。国外的新闻节目主持人通常都要求具备多年的记者经历，因此，在他们看来，主持人具备记者的能力是非常自然的事情。

“国内的主持人则有相当一部分是从播音员发展来的，播音员是最早走上主持人岗位的，这是因为他们的职业特点和职业素质都和早期我们对主持人的要求最为相近……在相当长一段时期内，播音员和播音系的专业院校培养出的毕业生是我国电视节目主持人最主要的来源。”在此情况下，记者型主持人在我国的出现无疑为主持人队伍注入了新的活力，并展现出了比传统主持人更全面的新闻素质，体现出“记者”和“主持人”的双重角色。笔者认为，“记者型主持人”这一说法不够严谨，随着主持人队伍采、编、播能力的不断提高，也许未来所谓的“记者型主持人”这一说法将会淡出人们的视线，我们不再会因为主持人完成了某一职业的任务便将其冠以“某某”型主持人的称呼。例如，主持人同时也是节目的编辑就叫作“编辑型”主持人，完成了节目的编导工作就叫作“编导型”主持人等。这样的说法显然不够规范，要知道采编工作并不只是这些职业的专利。从职业角色的内涵看，记者型主持人的中心词仍为“主持人”，即使他承担了记者的一系列相关工作，他仍然是以主持人的身份出现的。

（二）当下的角色内涵解读

记者型主持人是真相的探求者或活动的体验者，这里的真相主要涉及新闻事件，活动则主要指在美食、旅游等生活服务类节目中的外景采访和试吃、试玩等。与一般的探求者和体验者不同，他们有着明确的主持目的。虽然记者型主持人在不同类型节目中的角色任务有所差异，但他们在整个节目中的表现会带给受众一种前所未有的参与感。记者型主持人在节目中的深度参与和对过程的呈现，能提升大众的心理参与度。融媒体时代这种参与和体验将会得到进一步的加强，由此带来的互动氛围也将提升记者型主持人的品牌影响力。

二、融媒视域下角色背后的关系变迁

（一）记者型主持人与节目的关系：互惠共赢、荣辱与共

节目的成就决定了记者型主持人的地位，那些深度参与节目的主持人更像是节目的灵魂。融媒体时代记者型主持人与节目的黏合度进一步加强，传统媒体的传播途径优势不再，节目内容成为大众的首选要素。近年来，多种媒体迅速发展并逐渐趋于融合，而传播途径的改变也正在悄然改变着大众收听、收看节目的方式，他们有了更多的选择权。便利、多渠道的传播方式为快餐文化找到了市场，于是各种短小精悍的“微”内容开始发挥越来越强大的影响力，如微博、微信、微电影等。而记者型主持人节目在内容上是以“深”取胜，它通过全面且有深度的报道让人们获得更直观、多元的信息，同时获得较为真实的体验感。面对“互惠共赢、荣辱与共”的节目关系，融媒体时代的记者型主持人应在“责任感”与“品牌效应”方面下功夫。把握好角色关系，才是主持的“必修课”。

记者型主持人的责任感主要体现在以下三个方面：第一，不流于浮躁的信息表面，永远保持“沉淀”的勇气，有深入挖掘信息的精神；第二，

严格把好信息准入关口，警惕网络谣言与假新闻；第三，坚守新闻人的职业信仰，不要陷入“唯收视率”论，这样的坚守才经得起时间的考验。主持人的“品牌效应”在融媒体时代得到放大。公信力与亲和力一直被视为主持人形象的两大重要内涵。在传统媒体时代，主持人公信力的获得与广播电视传播平台有着密不可分的关系。在媒介不断融合发展的今天，主持人公信力的获得将更多地依赖于主持人在节目中的表现，公信力也将成为主持人品牌中的核心竞争力之一。记者型主持人的品牌效应还可能让其成为节目的灵魂，也就是节目的品牌，他在节目中形成的职业角色形象将成为节目的名片。记者型主持人一旦具备了品牌影响力，节目就可以通过多媒体渠道获得经济支持，扭转传统节目靠广告支撑的局面，这也是在信息爆炸年代提升受众忠诚度的重要方式之一。自媒体节目《罗辑思维》曾推出“史上最无理”的付费会员制：5000个普通会员，会费为200元/年；500个铁杆会员，会费为1200元。结果是出人意料的，5500个会员名额只用半天便售罄。节目会员制的试水成功自然离不开主持人的品牌效应。对主持人节目来说，未来归根结底将成为“人”的竞争，这也是主持人角色经营成功的结果。

（二）记者型主持人与受众的关系：服务与合作

主持人作为信息的传递者，肩负着为广大受众服务的职责。融媒体时代对主持人的服务意识提出了新的挑战：一是媒介的融合缩短了主持人与受众的距离，增加了主持人与受众的接触频率；二是多渠道的传播途径，为主持人与受众互动提供了强大的技术保证，官方媒体的微博、微信、客户端就是新媒体技术时代的产物。融媒体时代记者型主持人的服务应更具有贴近性，要充分利用线上、线下模式进行互动和服务，要充分利用自媒体等新兴媒体获知大众的心理动向，了解他们的信息需求。以超级电视为例，在使用超级电视观看节目的同时，节目受众必然要访问乐视服务器。而通过后台数据记录，可以精准分析用户喜好的节目类型和观看习惯等基础数据。新媒体技术的发展把人们带入了一个大数据时代。数据的分析结果能够更清晰、准确地反映受众的需求，这也为记者型主持人向大众提供更具贴近性的服务提供了客观支持。以前，受众对于节目的反馈主要通过节目线下的互动获得。现在，各互联网平台已经成为节目前期的宣传预热渠道，可提前预告节目内容，吸引大众关注。

自媒体时代可以说“人人都有麦克风”，只要爱好，每个人都可以尝试做记者、主播。当然这里主要指的是“行为模仿”，从现实情况看，很多的尝试者离职业化的记者与主持人角色还是有一定距离的。然而，不可否认的是，自媒体的出现为大众深入参与节目提供了可能，网友的观点经常会在媒体的节目中出现，甚至网友本人还能作为嘉宾通过网络视频直接参与电视节目。对记者型主持人来说，一个人的视野和能力终归是有限的，如果能够在节目受众中发动更多的网友参与节目的创作，不仅可以拉近受众和节目的距离，参与的过程也将提高受众对节目的忠诚度。一些美食节目除了让主持人作为“美食侦探”出现，还经常邀请观众作为食客一起完成节目录制，节目中洋溢着轻松愉悦的合作氛围。在记者型主持人与观众合作完成的节目中，受邀观众成了节目受众的代言人，他与记者型主持人在节目中的关系呈现会投射在其他受众心里，这样的合作关系也让记者型主持人的角色形象更加生动、鲜明。

（三）记者型主持人与“自我”的关系：调试与引领

主持人的职业角色并不是通过“表演”实现的，它是依托主持人的“自我”建立起来的真诚的、有目的的沟通者，目的则取决于节目定位中主持人的职责。记者型主持人在节目中要实现对真相的探求或者活动的体验，要努力满足受众的角色期待，如知性的、干练的、有人情味儿的等。职业性格的要求与“自我”本身的性格特点一致性越高，主持人就会越少感受到二者的角色冲突；反之，角色冲突就越强烈。如果处理不好，甚至会遭遇职业的滑铁卢。因此，记者型主持人在处理“自我”关系时，要能够实现调试与引领。

角色的调试就是在“自我”角色的基础上进行调整，使其更符合岗位和受众的角色期待。记者型主持人通常需要有更加全面的新闻素质，能够完成策划、选题、采访、主持等多个节目环节，并具有优秀的口语表达能力，给人以干练之感。如果“自我”并不完全具备角色所需的素质，则需要加强知识学习，向有经验的同行请教学习，多渠道丰富自己的职业经历和体验。在角色性格方面，正如霍桑效应所证实的那样，记者型主持人由于在节目中受到了更多的关注，会本能地进行角色调试以适应主持人的角色需要。但有些主持人的“自我”意识过强，认为在节目中袒露自己的全部真实性格是真诚的表现，殊不知那些过于强势的真实性格并不符合受众的角色期待，甚至会妨碍节目的进行，偏离节目的初衷。“在一期地方新闻节目中，主持人会以一种有形和无形的凌驾于被采访者之上的地位和身份对有关部门和当事人或质问，或指责，或提要求，电视曝光已是一种巨大的压力，再加上面对的又算是有名气的主持人，镜头前各有关部门和当事人谁能不给‘面子’？”因此，记者型主持人尤其要明确自身的角色任务，防止“自我”性格膨胀，始终要坚持职业角色的“引领”地位，警惕角色“越位”的发生。融媒体时代，节目线上线下互动频繁，记者型主持人的“自我”角色与职业角色的边际变得越发模糊，因此更应谨慎地处理二者之间的关系。

融媒体时代正在改变传媒格局，传播形式的改变将直接导致职业角色的改变或调整。纸媒的出现催生了记者这一职业角色，广播电视的发展促成了主持人职业角色的出现。由于广播和电视的传播形式有所差异，二者对主持人的角色要求也不尽相同。记者型主持人是主持人队伍中的一支生力军，其职业角色在融媒体时代被赋予了新的意义。记者型主持人是节目中真相的探求者和活动的体验者，多元化的传播手段让受众在主持人“探求”与“体验”的过程中获得一种强烈的参与感。角色的调整有赖于对关系的把控，对记者型主持人来说，最重要的就是能够处理好节目、受众、“自我”三者之间的关系。在媒介融合背景下，主持人与受众之间的信息互通途径更加便捷，交流也更加频繁，线上线下的互动都将影响记者型主持人职业角色的调整。希望通过本节内容对记者型节目主持人角色内涵和角色关系的探讨，为未来记者型主持人职业角色发展提供有益的分析与建议。

参考文献

［1］曹奕萱.新媒体时代下播音主持艺术的创新与未来发展［J］.新闻传播，2022（12）：104-105.

［2］曾丽萍.聚焦新媒体时代电视新闻播音主持创作样态发展：评《电视新闻播音主持创作艺术》［J］.中国广播电视学刊，2020（1）：130.

［3］陈慧欣.融媒体时代主持人角色转变的研究［D］.西安：西安工程大学，2020.

［4］邓皓粒.互联网环境下播音主持的调适与创新［J］.新闻研究导刊，2019，10（15）：118，120.

［5］傅玲玲.新媒体语境下播音主持的特征与发展途径［J］.记者摇篮，2021（11）：142-143.

［6］高璐.网络媒体时代播音主持艺术发展探析［J］.陕西青年职业学院学报，2021（2）：56-58.

［7］郭琳媛.融媒体时代播音主持专业人才培养模式的嬗变与坚守［J］.戏剧之家，2020（22）：168-169.

［8］韩米.播音主持艺术创作的思维运用研究［D］.南昌：南昌大学，2019.

［9］洪玉.融媒体时代播音与主持艺术专业教学改革探究［J］.新闻知识，2021（5）：75-79.

［10］黄杨皓.早期电视新闻播音主持的发展历程以及语言特点探析［J］.传媒论坛，2018，1（8）：75，77.

［11］娄原菁.全媒体视域下高校播音主持人才培养变革研究［D］.郑州：河南大学，2019.

［12］罗香玉.播音主持艺术专业教学改革途径探析［J］.科教导刊（下旬），2016（3）：33-34.

［13］宋斌宏，董家辰.媒体融合环境下的播音与主持艺术专业定位研究［J］.西部广播电视，2019（22）：207-208.

［14］孙嘉蔚.浅论新媒体时代对传统新闻传播行业的冲击以及建设建议［J］.新闻传播，2022（24）：32-34.

［15］孙雯瑀.浅析新媒体时代下播音员主持人面临的问题及解决策略［J］.知识经济，2019（24）：44，48.

［16］孙钟珺.融媒体时代下播音主持的现状及创新发展路径［J］.文化产业，2023（12）：66-68.

［17］武小飞.新媒体技术时代电视新闻播音主持创作样态的发展［J］.西部广播电视，2016（24）：144，147.

［18］肖潇，尹守道.新时期播音与主持艺术专业人才培养教学路径探究［J］.新闻研究导刊，2021，12（21）：99-101.

［19］谢科，许天.广播现场直播新型传输方式的应用［J］.广播与电视技术，2015，42（11）：63-67.

［20］严婷.播音主持功能拓展的理念和路径［J］.采写编，2022（5）：78-79.

［21］张春雷，潘林.新型省级数字电视直播平台探究［J］.广播电视网

络，2022，29(1)：82-84.

[22] 赵鑫梦.浅谈播音主持新概念与播音主持教育[J].南方企业家，2018(2)：252.

[23] 朱晶.播音主持的属性和语言辨析[J].新闻传播，2021(4)：100-101.

图书在版编目（CIP）数据

播音主持艺术发展与改革探究 / 焦尊著. —北京：中国国际广播出版社，2024.3

ISBN 978-7-5078-5530-2

Ⅰ.①播… Ⅱ.①焦… Ⅲ.①播音－语言艺术－研究②主持人－语言艺术－研究 Ⅳ.①G222.2

中国国家版本馆CIP数据核字（2024）第052138号

播音主持艺术发展与改革探究

著　　者　焦　尊
责任编辑　尹　航
校　　对　张　娜
版式设计　邢秀娟
封面设计　赵冰波

出版发行　中国国际广播出版社有限公司［010-89508207（传真）］
社　　址　北京市丰台区榴乡路88号石榴中心2号楼1701
　　　　　邮编：100079
印　　刷　天津市新科印刷有限公司

开　　本　710×1000　1/16
字　　数　225千字
印　　张　15.5
版　　次　2024 年 3 月　北京第一版
印　　次　2024 年 3 月　第一次印刷
定　　价　58.00 元